# CÓMO OPERAR EN LOS
# TRIBUNALES DEL CIELO
## REVISADO Y AMPLIADO

# CÓMO OPERAR EN LOS TRIBUNALES DEL CIELO

REVISADO Y AMPLIADO

Conceder a Dios el derecho legal de realizar su pasión y dar respuesta a nuestras peticiones

ROBERT HENDERSON

© Copyright 2021–Robert Henderson

Todos los derechos reservados. Este libro está protegido por las leyes de copyright de los Estados Unidos de América. Este libro no puede ser copiado o reimpreso con fines comerciales o de lucro. Se permite y anima el uso de citas cortas o el copiado ocasional de páginas para el estudio personal o en grupo. Se concederá permiso si se solicita. A menos que se indique de otra manera, el texto bíblico ha sido tomado de la Nueva Biblia de las Américas (NBLA), Copyright © 2005 por The Lockman Foundation. Usado con permiso. www.NuevaBiblia.com. El texto Bíblico indicado con (RVR60) ha sido tomado de la versión Reina-Valera © 1960 Sociedades Bíblicas en América Latina; © renovado 1988 Sociedades Bíblicas Unidas. Utilizado con permiso. El texto bíblico indicado con (NTV) ha sido tomado de La Santa Biblia, Nueva Traducción Viviente, © Tyndale House Foundation, 2010. Todos los derechos reservados. El texto bíblico indicado con (RVC) ha sido tomado de la Reina Valera Contemporánea ® © Sociedades Bíblicas Unidas, 2009, 2011. Todos los énfasis dados en las citas de las Escrituras son por parte del autor. Favor de tener en cuenta que el estilo de publicación de Destiny Image pone en mayúsculas ciertos pronombres en las Escrituras que se refieren al Padre, al Hijo y al Espíritu Santo, y puede diferir del estilo de algunas editoriales. Tenga en cuenta que el nombre de satanás y nombres relacionados no están en mayúsculas. Elegimos no reconocerlo, hasta el punto de violar las reglas gramaticales.

DESTINY IMAGE® PUBLISHERS, INC.
P.O. Box 310, Shippensburg, PA 17257-0310
*"Promoviendo vidas inspiradas."*

Este libro y todos los demás libros de Destiny Image y Destiny Image Fiction están disponibles en librerías y distribuidoras cristianas en todo el mundo.

Diseño de cubierta por Eileen Rockwell

Para más información de distribuidoras extranjeras, llame al 717-532-3040.

Conéctese con nosotros en el Internet: www.destinyimage.com.

ISBN 13 TP: 978-0-7684-6141-1

ISBN 13 eBook: 978-0-7684-6142-8

For Worldwide Distribution.

1 2 3 4 5 6 7 8 / 25 24 23 22 21

# Contenido

Introducción .......................... 7

Capítulo 1    Las tres dimensiones de la oración:
Acercarnos a Dios como Padre ............. 19

Capítulo 2    Las tres dimensiones de la oración:
Acercarnos a Dios como Amigo ............ 39

Capítulo 3    Las tres dimensiones de la oración:
Acercarnos a Dios como Juez .............. 51

Capítulo 4    Aprende a funcionar en los Tribunales ....... 69

Capítulo 5    El monte del Señor ...................... 81

Capítulo 6    Novia, ángeles, y adoradores ............... 95

Capítulo 7    Inscritos en el cielo ..................... 113

Capítulo 8    El Anciano de Días ..................... 123

Capítulo 9    La nube de testigos y el Mediador .......... 133

Capítulo 10    La sangre que habla .................... 145

Capítulo 11    Campo de batalla o sala del tribunal ........ 153

| | | |
|---|---|---|
| Capítulo 12 | La redención de tu línea de sangre: El pecado, la transgresión, el engaño, y la iniquidad | 165 |
| Capítulo 13 | El estatuto de limitaciones | 183 |
| Capítulo 14 | Anula pactos y acuerdos | 191 |
| Capítulo 15 | Jesús nuestro abogado | 201 |
| Capítulo 16 | El Espíritu Santo: Nuestra ayuda legal | 211 |
| Capítulo 17 | Los libros del cielo | 219 |
| Capítulo 18 | Accede a los tribunales por fe | 231 |
| Capítulo 19 | Sé socio con Dios en los Tribunales del cielo | 243 |
| Capítulo 20 | Aplicación práctica | 251 |
| Capítulo 21 | Representa a naciones delante del Señor | 257 |
| | Preguntas y respuestas | 263 |
| | Acerca de Robert Henderson | 267 |

# Introducción

CUANDO escribí *Cómo operar en los Tribunales del Cielo: Y otorgar a Dios el derecho legal de cumplir Su pasión y contestar nuestras oraciones*, quedé asombrado por la respuesta inmediata que recibí. Sabía que estos principios habían tocado radicalmente mi vida y la de mi familia. Sin embargo, descubrí que gente de todo el mundo buscaba respuestas que otras ideas no les habían dado. Había algo acerca de esta enseñanza que atraía a las personas y les daba esperanza. Había personas que todavía practicaban la idea de la oración pero con poco o incluso ningún resultado. Sin embargo, porque eran personas fieles, estaban orando y haciendo lo mejor que podían. Estaban cansados, abatidos y muy frustrados, pero de todas maneras seguían orando. Al escuchar estas personas la idea de que había un concepto judicial a la oración, algo pareció saltar en sus espíritus. Cuando yo empecé a enseñar en diferentes entornos, las personas solían decirme: *"Esto hace perfecto sentido. Sé que esto es correcto; lo puedo sentir en mi espíritu y además, lo estás comprobando con la Palabra de Dios"*. Estas personas inmediatamente comenzaron a aplicar estos principios y una gran cantidad obtuvo resultados que no habían tenido por años. Desde el regreso a casa de seres amados a quienes no habían visto ni oído durante años, hasta la resurrección de personas de entre los muertos, fueron resultados obtenidos después de apelar a los Tribunales del Cielo. Recibimos el testimonio de esto último desde África y en una ocasión en los Estados Unidos. Ha habido y sigue habiendo un fluir constante de testimonios de personas que han recibido su victoria.

Hubo otro grupo también que simplemente había dejado de orar porque no había funcionado. Habían intentado pero no habían visto resultados. Para ellos, ya no valía el esfuerzo. Este grupo particular de personas también se sintió impulsado. Vieron esperanza en esta enseñanza. Empezaron a aplicar la idea y muchos recibieron resultados donde habían dejado de tener esperanza. Recuerdo que un hombre me escribió una carta y me agradeció por escribir el libro. Compartió que su hijo estaba en la cárcel y que este libro había llegado a sus manos y las manos de otros de sus compañeros de la cárcel. Empezaron a aplicar los principios y apelar a los Tribunales del Cielo. Muchos fueron librados de la cárcel antes de tiempo y encontraron misericordia en el sistema natural de tribunales. Lo atribuyeron a que los Tribunales del Cielo habían dado un veredicto a su favor lo cual se manifestó en el ámbito natural. Estas eran personas que no tenían esperanza, mas vieron la mano de Dios mover en su favor. Descubrieron que Dios como Juez es más misericordioso que los seres humanos. Esto es lo que David descubrió y comprendía. Cuando Dios le dio la libertad de escoger el juicio en 2 Samuel 24:13-14 como un resultado de su pecado insensato de hacer un censo del pueblo de Israel, él escogió caer en manos de Dios como Juez y no en manos del hombre.

## Introducción

*Así que Gad fue a David y se lo hizo saber, diciéndole: "¿Quieres que te vengan siete años de hambre en tu tierra, o que huyas por tres meses delante de tus enemigos mientras te persiguen, o que haya tres días de pestilencia en tu tierra? Considera ahora, y mira qué respuesta he de dar al que me envió".*

*David respondió a Gad: "Estoy muy angustiado. Te ruego que nos dejes caer en manos del Señor porque grandes son Sus misericordias, pero no caiga yo en manos de hombre".*

David sabía que recibiría misericordias por parte de Dios que el hombre nunca le daría. Él escogió el juicio de Dios por encima del juicio del hombre. Esto es lo que hicieron los prisioneros. Apelaron al Dios de toda misericordia quien desea misericordia y no sacrificio. El resultado fue que algunos recibieron su libertad antes de tiempo y otros recibieron sentencias más cortas. El Señor está usando estos principios para manifestar Su bondad y amor y para restaurar esperanza a los desesperanzados.

También escuché que muchas personas influyentes habían escuchado los principios, leído el libro y visto victorias en sus vidas y las de sus familias. No importa quién somos, o el estatus que podamos tener en la cultura o la sociedad, todos tenemos necesidades. Las necesidades pueden causar que todos clamemos a Dios. Me contaron de cierto líder cristiano famoso cuya hija había sido parte del ministerio, pero que luego se rebeló y se fue. El líder tomó los principios del libro, trató con los derechos legales que el diablo estaba reclamando, y vio a su hija regresar, arrepentida y quebrantada delante del Señor. Hubo restauración y una familia y un ministerio fueron sanados como resultado. Personalmente he tenido el privilegio de orar por muchos líderes altamente reconocidos concerniente a situaciones en su hogar o ministerio. Hemos visto victorias y remedios llegar a estos lugares. En la mayoría de estos casos, habían estado clamando a Dios por años. Las respuestas inmediatas que recibieron fueron asombrosas y causaron que estos líderes agradecieran y adoraran a Dios por Su bondad.

Yo también he seguido aplicando estos conceptos. Ahora hay muchos libros que he escrito sobre el tema. He descubierto que los Tribunales del Cielo se puede aplicar en casi cualquier situación. Así que hay libros que tratan con el destino, la oración, declaraciones, sanidad, finanzas, crisis y otras áreas y todavía hay muchos más en proceso. Todos estos son asuntos que podemos llevar a los Tribunales del Cielo y peticionar al Señor por decisiones a nuestro favor. A medida que he practicado los principios, he seguido madurando y creciendo en la ejecución de estos. He buscado simplificar toda la idea. A medida que esta idea comenzó a ser acogida, otros comenzaron a enseñarla. Esto ha estado bien, salvo cuando se han fomentado ideas antibíblicas. Por ejemplo, alguien estaba convencido de que era posible ir a los Tribunales del Cielo y sacar a alguien del infierno. Les tuve que decir que esto era una imposibilidad. La escritura es clara en Hebreos 9:27.

*Así como está decretado que los hombres mueran una sola vez, y después de esto, el juicio.*

El *juicio* aquí es juicio eterno. Es el juicio en el que estaremos parados delante del Señor después de nuestra vida terrenal. Si conocemos a Jesús y tenemos una relación con Él, entonces nos dará la bienvenida a nuestra habitación eterna. Sin embargo, si lo

*Introducción*

hemos rechazado y hemos tenido enemistad con Él, entonces somos condenados y sufriremos la destrucción del infierno. Esto es irreversible. Una vez que pasemos de esta vida a la siguiente, nuestros hechos nos siguen. Seremos enjuiciados en base a esos hechos. Mi punto es que algunas personas han adoptado la idea de los Tribunales del Cielo y la han llevado a lugares que en mi valoración no son bíblicas. Por ejemplo, ha habido otra enseñanza de que podemos ir a los *tribunales del infierno* y tratar asuntos allí. Yo no cuestiono la posible existencia de un sistema tribunal en el infierno. Solo digo esto porque satanás siempre copia lo que Dios ha creado. ¡Quiere ser como Dios! Por lo tanto no me sorprendería que hubiera un sistema judicial en el imperio de satanás. Sin embargo, si existe, nosotros como creyentes para nada tenemos razón de buscar operar allí. Los Tribunales del Cielo es el lugar decisivo donde las decisiones se dictan. Un veredicto desde este lugar irrevocablemente cambiará la vida en cualquier situación. Yo personalmente jamás haría algo como acudir a un sistema judicial del infierno.

Luego están aquellos que exaltan su don de *vidente* o *profético* por encima de la Palabra de Dios. Están saliendo con toda clase de ideas y doctrinas extrañas basadas en algo que vieron o encontraron en el ámbito espiritual. El problema es que no estas no tienen fundamento bíblico. Si abandonamos la Biblia como el fundamento de nuestras creencias y función, pagaremos un precio muy alto. Invariablemente nos llevará al error e incluso a que espíritus engañosos operen en nosotros y a través de nosotros. Yo creo en las cosas del Espíritu. Incluso creo en los encuentros místicos. Esto se debe a que, por el otro lado de la moneda, no quiero aislarme del mover del Espíritu Santo y de Sus revelaciones. Como dijo un hombre de Dios muy respetado después de escuchar mis enseñanzas sobre los

Tribunales del Cielo: *"Claramente Robert está leyendo de una Biblia diferente a la de los demás de nosotros"*. Esta fue su manera de decir que nunca había visto las verdades que yo estaba compartiendo en la Palabra de Dios antes de que yo las enseñara. Él estaba confirmando para su gente que lo que yo estaba diciendo era correcto porque aunque él nunca antes lo había visto, ahora lo veía en la Palabra de Dios. Todas las cosas se tienen que alinear con la Palabra de Dios que Él nos ha dado. Si no se pueden verificar con la Palabra escrita de Dios, entonces tienen que ser abiertamente renunciadas o al menos, consideradas con un algo grado de sospecha.

> Todas las cosas tienen que alinearse con la Palabra de Dios que Él nos ha dado.

En mi opinión, algunas de las enseñanzas acerca de los Tribunales del Cielo se han alejado de la Biblia porque las personas están tratando de obtener reconocimiento. En otras palabras, salen con estas ideas y tratan de sobresalir en medio de todo el ruido. Entonces, entre más diferentes y aun extrañas sean, hace que las personas les presten atención. Si no crees que esto es cierto, entonces considera a *Lady Gaga*. En sus primeros años como estrella pop, ella se vestía de maneras muy raras. Ella no sentía que su música y talento fueran suficientes para diferenciarse de los demás. Estos atuendos extraños le daban la ventaja extra

*Introducción*

que ella necesitaba para obtener el éxito. Las personas prestaron atención. Ella sin duda es talentosa, pero estas características raras le dieron la oportunidad de comprobarlo. Muchos de los que están fomentando estas ideas raras simplemente están tratando de destacarse de alguna manera. Quieren tener una voz. Así que toman la enseñanza acerca de los Tribunales del Cielo y agregan toda clase de cosas raras. El cuerpo de Cristo tiene que darse cuenta de que esto solo es un esfuerzo para ser escuchado. El problema es que Lady Gaga meramente estaba intentando tener éxito en algo que es para esta vida. Sin embargo, cuando nos estamos metiendo con la verdad eterna y el destino eterno de las personas, tenemos que ser puros. Tendremos que rendir cuentas delante del Señor de lo que hemos hecho. ¿Llevamos la verdad de la Palabra de Dios o la pervertimos simplemente para atraer a muchas personas o seguidores? Santiago 3:1 nos dice que los maestros recibirán un juicio más severo que otros. Esto es porque si enseñan cosas erróneas, están llevando a otros por mal camino.

*Hermanos míos, que no se hagan maestros muchos de ustedes, sabiendo que recibiremos un juicio más severo.*

El juicio más severo se basará en lo que se dijo y si era cierto, pero también si estos maestros vivieron lo que enseñaron. Este es un pensamiento aterrador pero muy cierto. Si tienen la revelación pero no la están aplicando a sus vidas, entonces serán enjuiciados por ello. Mi oración es que yo pase la prueba en ese día de juicio.

En medio de todo esto, de verdad estoy preocupado por lo poco que el cuerpo de Cristo conoce de la Biblia. Debido a la tendencia de no querer ofender a los no-creyentes que asisten a las iglesias, se ha diluido mucho la Palabra, y el resultado es que tenemos una iglesia llena de conversos si acaso, pero no discípulos. Son susceptibles al error y al engaño porque no tienen ningún fundamento en la Palabra de Dios. La enseñanza el domingo por la mañana ha sido reemplazada por una breve plática que los hace sentirse bien. Muy pocas iglesias tienen alguna forma de discipulado. Esto atrae a las personas. Posiblemente aun algunos cuantos inviten a Jesús a entrar en sus vidas. Sin embargo, nunca se convierten en discípulos. Los conversos son muy propensos a ser engañados. Los discípulos por otra parte tienen un fundamento en sus vidas que no lo permitirá. Tengo un dicho que el Señor me dio: *Los conversos llegan al cielo, pero los discípulos llegan a hacer historia.* El Señor desea tener una iglesia que se parezca a Jesús y lo manifieste. Romanos 8:29 nos dice que el objetivo máximo de Dios es que Jesús sea el primero entre muchos.

*Porque a los que de antemano conoció, también los predestinó a ser hechos conforme a la imagen de Su Hijo, para que Él sea el primogénito entre muchos hermanos.*

> Los conversos llegan al cielo, pero los discípulos llegan a hacer historia.

La ambición del Señor es tener una compañía de creyentes que manifiestan y son de la misma naturaleza, semejanza e imagen

*Introducción*

que Jesús. El Señor tendrá una tribu, una compañía, incluso una nación de personas que lo reflejan. Esto requiere que creamos y funcionemos en lo que es correcto. En cuanto a los Tribunales del Cielo, tenemos entonces, que pelear en contra del extremismo y lo que es abiertamente error. Tenemos que conocer la Biblia y permitir que sea nuestra luz guiadora bajo el liderazgo del Espíritu Santo. Tenemos que estar comprometidos con *el Espíritu y la Verdad*. Esto es lo que Jesús declaró en Juan 4:23-24.

*Pero la hora viene, y ahora es, cuando los verdaderos adoradores adorarán al Padre en espíritu y en verdad; porque ciertamente a los tales el Padre busca que lo adoren. Dios es espíritu, y los que lo adoran deben adorar en espíritu y en verdad.*

Toma nota de que nuestra revelación de Dios que nos permite adorar es una de *Espíritu y Verdad*. Esto significa que el Espíritu Santo y Su revelación son esenciales para que conozcamos quién es Dios y cómo se mueve. Sin embargo, la Verdad también es profundamente necesaria. *Sin la Verdad*, malinterpretaremos cosas en el ámbito espiritual. El diablo se puede meter y causar que seamos guiados por mal camino al promover ideas que en su fundamento son verdad, pero que cuando son llevados a extremos llegan a ser error. Solo el Espíritu y la Verdad nos pueden mantener correctamente equilibrados; moviendo en las cosas de Dios. El problema para muchos es que quieren el Espíritu pero no le dan verdadera importancia a la Verdad. Su Verdad es su propia experiencia. Esto inevitablemente llevará al engaño. La Verdad tiene que venir de la Palabra escrita de Dios que es usada por el Espíritu Santo para traer revelación, perspectiva y encuentros.

En medio de toda la loquera alrededor de la actividad no bíblica, he visto a personas que quedan totalmente cautivadas por supuestas habilidades proféticas. Muchos han sentido que porque no tienen estos *dones*, no pueden funcionar en los Tribunales del Cielo. Esto, con toda honestidad, me hace enojar. No hacia las personas que desean sinceramente una victoria, sino hacia aquellas que promueven que *son necesarias debido a su don* para que alguien obtenga su respuesta. He visto a las ovejas de Dios buscar a estas personas y me da gran pesar. El problema es que cuando las personas corren a estas personas supuestamente dotadas, *quedan asombradas* por lo que estas personas están viendo acerca de ellos en el mundo espiritual. Sin embargo, ¡no obtienen ninguna victoria! Si alguien se está encontrando con ángeles y la Nube de Testigos y otras cosas espirituales, *¡algo debe cambiar!* El problema es que ¡no sucede! Esto es porque frecuentemente no es real, o la persona que está viendo proféticamente no tiene la autoridad necesaria para lograr cosa alguna en el mundo espiritual. Es posible que las personas tengan un don profético pero no cuenten con la suficiente autoridad para lograr algo en este lugar. Están entonces viendo una película en el ámbito espiritual, si así lo quieres decir, pero no tienen ningún derecho para funcionar en ello. Es muy posible tener un *don* pero no tener *autoridad*. Estas son dos cosas diferentes en el ámbito espiritual. Hablaremos más de esto en este libro.

No me considero una persona con grandes dones proféticos. Es obvio que sí tengo habilidades para percibir lo que el Señor está haciendo. Sin embargo, hay aquellos cuyos dones son mucho mayores que los míos. He descubierto algo en mis más de diez años operando en los Tribunales del Cielo. Recibo más victoria haciendo cosas por *fe* que todas las personas que están viendo *ángeles* y *creaturas celestiales*. Tú también puedes. Aquellos que te quieren hacer creer que son necesarios para tu victoria no lo son. Tienes lo que necesitas al alcance de tu mano. Lucas 10:9 nos revela que el reino de Dios está cerca de nosotros. El gobierno invisible de Dios está cerca de nosotros.

*Sanen a los enfermos que haya en ella, y díganles: "Se ha acercado a ustedes el reino de Dios".*

Que el reino de Dios esté cerca de nosotros significa que está *dentro de nuestro alcance*. Tenemos que dejar de pensar: "No lo puedo hacer". Sí, sí puedes. Deja de pensar que no te puedes mover en el ámbito donde están los Tribunales del Cielo. Es accesible a toda persona que creerá a Dios y moverá en fe. El Espíritu Santo nos ayudará a navegar estos ámbitos según Romanos 8:26. El liderazgo y la inspiración del Espíritu Santo cuando oramos nos dará poder.

*De la misma manera, también el Espíritu nos ayuda en nuestra debilidad. No sabemos orar como debiéramos, pero el Espíritu mismo intercede por nosotros con gemidos indecibles.*

Pensar que no podemos hacerlo es considerar que Él es inadecuado para nuestra necesidad. Salgamos en fe y aprendamos cómo movernos en estos ámbitos. Tú más el Espíritu Santo y la Sangre de Cristo no requieren de nada más. Dios te fortalecerá si simplemente crees. Me esforzaré para ayudar con esto en los siguientes capítulos.

> Pensar que no podemos hacerlo es considerar que el Espíritu Santo es inadecuado para nuestra necesidad.

Una de las razones principales por qué escribí esta segunda edición de *Cómo operar en los tribunales del cielo* es para aclarar la idea y los principios conectados con el sistema judicial de Dios. La verdad es que los veo más claramente ahora que cuando escribí el primer libro. Este libro ayudará a muchas personas a entender este ámbito y cómo podemos funcionar allí. Mi esperanza y oración es que se obtendrá una comprensión aquí que permitirá a multitudes más obtener la victoria que tan desesperadamente anhelan. Dios es el Juez de Todos según Hebreos 12:23.

*A la asamblea general e iglesia de los primogénitos que están inscritos en los cielos, y a Dios, el Juez de todos, y a los espíritus de los justos hechos ya perfectos.*

Hemos venido a este lugar en el mundo espiritual como creyentes del Nuevo Testamento. Dios como Juez está esperando que entremos a Su sistema judicial y hagamos petición a los Tribunales. El resultados es que decisiones serán dictadas, oraciones serán contestadas, y habrá victorias como resultado. ¡Comencemos!

Capítulo 1

# LAS TRES DIMENSIONES DE LA ORACIÓN:
## *Acercarnos a Dios como Padre*

CUANDO primero comencé a enseñar acerca de los Tribunales del Cielo, estaba tan emocionado acerca de la idea. Yo sabía que estaba viendo algo que era nuevo y de vanguardia a pesar de que siempre ha estado en las Escrituras. Como resultado de estar tan emocionado acerca de ello y las victorias que estaba viendo, pensaba que esta era la forma en que toda la oración se debía hacer. Otros y yo comenzamos a pensar: *"Posiblemente los Tribunales del Cielo sea la clave"*. Recuerdo que lo mencioné a un líder apostólico de alto nivel quien es un amigo —quien creía y había confirmado mi enseñanza— que yo estaba viendo los Tribunales del Cielo en todo en la escritura. Su respuesta me dejó asombrado. Dijo: *"Así es cómo empieza a haber error"*. Supe que estaba hablando la verdad. Cualquier cosa a la que se le da demasiado énfasis se convierte en error. No una cosa, sino toda cosa, salvo Jesús. Esto es cuando el Señor me comenzó a revelar que Jesús, al enseñar acerca de la oración, en realidad la colocó en tres situaciones diferentes. En el libro de Lucas, habló de acercarse a Dios como Padre, Amigo y Juez. Cómo vemos a Dios tiene todo que ver con cómo nos acercamos a Él en fe. Mi percepción de quién es Él me empoderará en mis oraciones y peticiones. Dondequiera que anduvo Jesús, la gente quería ver quién era Él. Zaqueo, quien era recaudador de impuestos, quería ver quién era Jesús. Había algo que él estaba buscando que nunca había podido satisfacer. Lucas 19:1-10 muestra su encuentro con Jesús cuando entró a Jericó.

> Mi percepción de quién es Él me empoderará en mis oraciones y peticiones.

*Cuando Jesús entró en Jericó, pasaba por la ciudad. Y un hombre llamado Zaqueo, que era jefe de los recaudadores de impuestos y era rico, trataba de ver quién era Jesús, pero no podía a causa de la multitud, ya que Zaqueo era de pequeña estatura. Corriendo delante, se subió a un árbol sicómoro y así lo podría ver, porque Jesús estaba a punto de pasar por allí.*

*Cuando Jesús llegó al lugar, miró hacia arriba y le dijo: "Zaqueo, date prisa y desciende, porque hoy debo quedarme en tu casa". Entonces él se apresuró a descender y lo recibió* con gozo. Al ver esto, todos murmuraban: "Ha ido a hospedarse con un hombre pecador".

Pero Zaqueo, puesto en pie, dijo a Jesús: "Señor, la mitad de mis bienes daré a los pobres, y si en algo he defraudado a alguien, se lo restituiré cuadruplicado". "Hoy ha venido la salvación a esta casa", le dijo Jesús, "ya que él también es hijo de Abraham; porque el Hijo del Hombre ha venido a buscar y a salvar lo que se había perdido".

Este encuentro con Jesús trajo salvación a Zaqueo y su casa. Lo llevó al verdadero arrepentimiento que luego causó que él y su casa se salvaran. Todo empezó, sin embargo, porque él quería ver quién era Jesús. Sin duda él había escuchado acerca de Jesús, pero en este caso Jesús venía para estar cerca de donde él estaba. Él de verdad lo quería ver. El problema era que él era de *pequeña estatura*. Todos eran mucho más altos que él. Obstaculizaban su vista de tal manera que no podía ver bien a Jesús. Así que se subió a un árbol para ver mejor. El resultado fue que no solo pudo él ver a Jesús, sino que Jesús lo *vio* a él.

Zaqueo era un hombre odiado dentro de la cultura judía aunque era judío. Era recaudador de impuestos. Trabajaba para el gobierno romano, el cual era a menudo opresivo y cruel con el pueblo judío. Él explotaba a su propio pueblo para su propia ganancia personal. Sin embargo, quería ver quién era Jesús. Jesús percibió su anhelo y lo llamó por nombre para que se bajara del árbol. Cuando la Biblia dice que era de *pequeña estatura*, está describiendo sus atributos físicos. Sin embargo, pienso que también está hablando de la manera en que se veía a sí mismo y cómo los otros lo veían. No estaba a la altura. Siempre había ese sentido de rechazo: tanto el autorechazo así como el rechazo por parte de otros. Cuando tenemos estas ideas acerca de nosotros mismos, impide que veamos correctamente. Estas percepciones obstaculizan nuestra perspectiva correcta. Muchas personas no pueden ver a Jesús debido al rechazo que llevan y tienen como un sentido perpetuo. Cuando Zaqueo se subió al árbol, se reposicionó para estar por encima de todo esto para poder ver. El resultado fue que no solo vio a Jesús, sino que Jesús lo vio a él. Si por fe podemos ir *por encima* de todos los problemas de rechazo que quieren interponerse y bloquear nuestra vista de Jesús, quedaremos sorprendidos y asombrados por el hecho de que Jesús realmente nos está llamando. Quedaremos maravillados de que Jesús es realmente alguien que ama a los rechazados y a quien le interesa mucho los no deseados. ¿Qué habrá sentido Zaqueo cuando, en medio de todas las personas que lo odiaban, Jesús lo reconoció? No solo lo reconoció, sino lo honró y fue a su casa. Toda persona que tenga hambre por Dios será honrada. Hebreos 11:15-16 nos habla de quienes abandonaron todo por su deseo por Dios y Sus propósitos.

> *Y si en verdad hubieran estado pensando en aquella patria de donde salieron, habrían tenido oportunidad de volver. Pero en realidad, anhelan una patria mejor, es decir, la celestial. Por lo cual, Dios no se avergüenza de ser llamado Dios de ellos, pues les ha preparado una ciudad.*

Al Señor no le avergüenza que lo identifiquen y asocien con quienes anhelan lo mejor. En medio del pasado de Zaqueo, él deseaba y anhelaba realidad espiritual. Él estaba queriendo ver si Jesús era la respuesta a esos anhelos profundos de su alma. Para su asombro, encontró que Jesús sí lo era. Él de verdad *vio* quién era

Jesús ese día. El resultado fue una conversión radical con verdadero arrepentimiento. Zaqueo hizo lo que Jesús ni siquiera le pidió que hiciera. Esto es lo que sucede cuando verdaderamente vemos quién es Jesús. Nos vemos obligados desde el interior de nuestro ser a alinear nuestras vidas con la de Él. Que realmente veamos quién es Jesús.

También había griegos que llegaron y pidieron ver quién era Jesús en Juan 12:20-24. Habían venido a la fiesta judía para adorar. Sin embargo, seguían con hambre y sed por algo que los rituales no podían satisfacer.

*Había unos griegos entre los que subían a adorar en la fiesta; estos fueron a Felipe, que era de Betsaida de Galilea, y le rogaban: "Señor, queremos ver a Jesús".*

*Felipe fue y se lo dijo a Andrés; Andrés y Felipe fueron y se lo dijeron a Jesús.*

*Jesús les respondió: "Ha llegado la hora para que el Hijo del Hombre sea glorificado. En verdad les digo que si el grano de trigo no cae en tierra y muere, se queda solo; pero si muere, produce mucho fruto".*

Cuando Jesús se enteró de que los griegos/gentiles estaban clamando por verlo, comenzó a hablar de la hora cuando Él sería glorificado. Él sabía que la única forma en que los griegos entrarían en el pacto con Dios era que Él muriera, resucitara, y ascendiera de vuelta al Padre. A eso se refería cuando habló del grano de trigo que cae a tierra pero que luego resucita a una vida grandiosa, nueva y multiplicada. Desde este lugar exaltado Él entonces enviaría al Espíritu Santo de regreso a los corazones que creían en

Él. Esto es a lo que se refería cuando habló de ser *glorificado*. Él ocuparía Su lugar como Señor de todo y gobernaría desde Su posición en el cielo a través de la persona del Espíritu Santo. Quien experimentara esta llenura del Espíritu bebería de lo que satisfaría para siempre. Hasta este punto cuando los griegos llegaron preguntando, Jesús había entendido que había sido enviado solo para los judíos. Por el mandato y el protocolo del cielo, era necesario visitar primero a los judíos y darles la oportunidad de aceptar a Jesús. En Mateo 15:24, cuando una mujer de Canaán que no era de la raza judía, llegó con Jesús para que sanara a su hija, Él al principio rehusó. Él después sí le concedió su petición debido a su fe y persistencia. Su razonamiento, sin embargo, por rehusar se encuentra en el versículo mencionado.

*Y Jesús respondió: "No he sido enviado sino a las ovejas perdidas de la casa de Israel".*

> Quien experimentara la llenura del Espíritu Santo bebería de lo que satisfaría para siempre.

Jesús comprendía que Su ministerio terrenal solo era para Israel. Sin embargo, cuando murió y fue crucificado por los judíos, se abrió el camino para que los gentiles escucharan el evangelio y se salvaran. El rechazo del pueblo judío a su Mesías abrió la salvación para el mundo gentil. Pablo habló de esto en Romanos 11:15 cuando explicó el resultado del rechazo de los judíos de Jesús como Salvador.

*Porque si el excluirlos a ellos es la reconciliación del mundo, ¿qué será su admisión, sino vida de entre los muertos?*

Cuando los judíos negaron a Jesús como Salvador, el resultado fue que el evangelio llegó a los gentiles. Si el resultado de su rechazo de Jesús es que el mundo sea reconciliado con Dios, ¿cuál será el resultado por aceptarlo? Dios no ha terminado con la nación judía. Los redimirá también. El resultado será impensable y poderoso cuando Su pueblo del pacto por medio de Abraham entre al rebaño y acepte a Jesús como Mesías y Salvador.

Cuando los griegos llegaron con Felipe y quisieron ver a Jesús y quién era, Jesús sabía que este anhelo estaba indicando que Su hora había llegado. Él sería entregado no solo por los pecados de Israel, sino por los pecados de todo el mundo. Su muerte, sepultura, resurrección y ascensión satisfarían lo que era necesario para que todos, sin importar su raza, pudieran ser salvos y pertenecer a Dios. El Padre a través de su Hijo se habría reconciliado de nuevo con el mundo. 2 Corintios 5:18-19 nos dice que la muerte de Jesús en la cruz causó que toda enemistad con Dios se borrara. Dios se reconcilió de nuevo con todo el mundo a través de Jesús en la cruz.

*Y todo esto procede de Dios, quien nos reconcilió con Él mismo por medio de Cristo, y nos dio el ministerio de la reconciliación; es decir, que Dios estaba en Cristo reconciliando al mundo con Él mismo, no tomando en cuenta a los hombres sus transgresiones, y nos ha encomendado a nosotros la palabra de la reconciliación.*

Jesús no solo murió por los judíos, Su muerte fue suficiente para reconciliar a Dios con todo el mundo. Esto significa que Dios ya no está enojado con el mundo. Nosotros como creyentes nos tenemos que dar cuenta de esto. La ira de Dios se derramó sobre Jesús en la cruz. Sin embargo, es imperativo que las personas que Dios ha reconciliado con él mismo acepten esa reconciliación y que se reconcilien con Dios. Esto es lo que 2 Corintios 5:20 declara.

*Por tanto, somos embajadores de Cristo, como si Dios rogara por medio de nosotros, en nombre de Cristo les rogamos: ¡Reconcíliense con Dios!*

Lo que Dios hizo por nosotros a través de Jesús en la cruz demanda una respuesta. Debemos aceptar la mano que Dios extiende hacia nosotros y extender la nuestra a Él. Si no se hace esto, si desairamos la gracia que Dios está ofreciendo, entonces habrá juicio. El Señor llegó a los mayores extremos imaginables para redimirnos. Tenemos que responder y aceptar todo lo que ha sido provisto para nosotros a través de Jesús.

Cuando los griegos llegaron con el deseo de ver a Jesús, Jesús comprendió esto. Un anhelo inquietaba los corazones de las personas por un Salvador. Jesús sabía que tenía que cumplir con lo necesario para satisfacer el clamor y el anhelo que residía en el corazón de todos los hombres. ¡Todos deseamos *ver* a Jesús!

Cuando hablo de acercarnos a Dios en las tres dimensiones de Padre, Amigo y Juez, estoy hablando acerca de *ver* a Dios de estas tres formas. Debemos tener una revelación del Espíritu Santo de Dios en cada uno de estos tres ámbitos. A medida que lo percibamos como Padre, Amigo Y Juez, abrirá nuevos lugares de encuentro con el Señor. Nuestra sed y nuestro deseo por Él puede dar a luz revelación que nos haga verle de estas maneras. Veamos cada una.

> **Nuestra sed y nuestro deseo por Él puede dar a luz revelación que nos haga verle de estas maneras.**

## PADRE

Cuando los discípulos de Jesús le pidieron que les enseñara a orar en Lucas 11:1-2, Él contestó con revelación que los cambiaría para siempre.

*Aconteció que estaba Jesús orando en un lugar, y cuando terminó, uno de sus discípulos le dijo: Señor, enséñanos a orar, como también Juan enseñó a sus discípulos.*

*Y les dijo: Cuando oréis, decid: Padre nuestro que estás en los cielos, santificado sea tu nombre. Venga tu reino. Hágase tu voluntad, como en el cielo, así también en la tierra.*
(RVR1960)

Estos versículos, por supuesto, son muy conocidos para algunos. Sin embargo, no debemos perder de vista el hecho de que Jesús nos está instruyendo a acercarnos a Dios como Padre. Después de observar a Jesús orar, los discípulos se sintieron movidos por un deseo de aprender cómo orar. Una de las mejores maneras de aprender cómo orar es orar con quienes saben cómo. No solo puedes obtener comprensión, sino que puedes capturar la unción para orar. Si hemos de orar efectivamente, el empoderamiento del Espíritu Santo es absolutamente esencial. Romanos 8:26 claramente nos declara que no tenemos la habilidad por nuestra propia cuenta de ser efectivos. La unción y la fortaleza del Espíritu Santo deben mover en nosotros y a través de nosotros.

*De la misma manera, también el Espíritu nos ayuda en nuestra debilidad. No sabemos orar como debiéramos, pero el Espíritu mismo intercede por nosotros con gemidos indecibles.*

Yo puedo aprender ciertos conceptos e ideas acerca de cómo orar. Sin embargo, debo tener al Espíritu Santo y Su unción para darme empoderamiento. Esto es lo que puedo adquirir cuando oro con aquellos que han cultivado este lugar en Dios antes que yo. Esto acelerará mi curva de aprendizaje y me otorgará eficiencia en la oración mucho más rápidamente.

Los discípulos, al observar a Jesús orar, querían poder hacer lo que veían a Él hacer. Al pedir a Jesús que les instruyera, Él comenzó, como lo primero y más importante, a enseñarles a acercarse a Dios como Padre. Acercarse a Dios como Padre es básico a toda oración. Cualquiera que sea la vida de oración que yo pueda alcanzar, la profundidad de ella será determinada por mi revelación de Dios como mi Padre. Muchos quieren eludir este lugar. Sin embargo, sólo cuando conozcamos a Dios como nuestro Padre amoroso, benévolo y bondadoso, podremos empezar a aprovechar las profundidades de la oración que Él desea que experimentemos. Romanos 8:15 muestra a Pablo enseñándonos cómo se desarrolla esta revelación de Dios como Padre.

*Pues ustedes no han recibido un espíritu de esclavitud para volver otra vez al temor, sino que han recibido un espíritu de adopción como hijos, por el cual clamamos: "¡Abba, Padre!".*

Pablo se refiere al Espíritu Santo como el Espíritu de Adopción. La *adopción* en la cultura de Pablo era un poco diferente que a nuestra cultura hoy. La adopción no necesariamente significaba traer a un hijo que no era biológicamente tuyo y criarlo en tu hogar. La adopción tenía que ver con un hijo que llegaba a cierta edad, por ejemplo los 30, cuando el padre declaraba que tenía complacencia en él. Entonces el Padre le daba todos los derechos y la autoridad. Tenía el derecho de funcionar completamente como alguien que representaba al padre y su casa. Esto es lo que le pasó a Jesús en el río Jordán. Mateo 3:16-17 muestra a Jesús siendo *adoptado* por el Padre al descender el Espíritu Santo sobre Él desde el cielo.

*Después de ser bautizado, Jesús salió del agua inmediatamente; y los cielos se abrieron en ese momento y él vio al Espíritu de Dios que descendía como una paloma y venía sobre Él. Y se oyó una voz de los cielos que decía: "Este es Mi Hijo amado en quien me he complacido".*

El Espíritu Santo viene sobre Jesús como el Espíritu de Adopción. Simultáneamente, la voz del Padre declara que Jesús es Su Hijo Amado. Jesús es *adoptado*. Ahora es comisionado como el representante del Padre y tiene todos los derechos y la autoridad para operar en esta capacidad. Esto es lo que el Espíritu de Adopción nos otorga. Recuerda que el Espíritu de Adopción crea dentro de nuestro corazón un clamor por Abba, Padre. En otras palabras, tenemos una revelación de que Dios es nuestro Padre quien nos ama y acepta. Desde esta revelación se produce un clamor o un poder para orar. La comprensión que tenemos de Dios como nuestro Padre fortalece nuestra determinación de venir ante Él en fe y hacerle petición. Esto es lo que ocurrió cuando Caleb entregó su hija Acsa a Otoniel como su esposa en Josué 15:16-19.

Tenemos revelación de que Dios es nuestro Padre quien nos ama y acepta.

Y Caleb dijo: "Al que ataque a Quiriat Séfer y la tome, yo le daré a mi hija Acsa por mujer". Otoniel, hijo de Quenaz, hermano de Caleb, la tomó, y él le dio a su hija Acsa por mujer. Y cuando ella vino a él, este la persuadió a que pidiera un campo a su padre. Ella entonces se bajó del asno, y Caleb le dijo: "¿Qué quieres?". "Dame una bendición", respondió ella; "ya que me has dado la tierra del Neguev dame también fuentes de agua". Y él le dio las fuentes de las regiones altas y las fuentes de las regiones bajas.

Otoniel pelea y gana tanto la batalla así como la mano de la hija de Caleb, Acsa, en su victoria. Cuando Acsa viene a su nuevo esposo, ella le dice a Otoniel que le pida a su nuevo suegro un campo. Sin embargo, cuando llegan con su padre, ella no solo pide el campo, sino también fuentes de agua. Él le da tanto las fuentes de las regiones altas así como las fuentes de las regiones bajas. Posiblemente Otoniel, quien era un valiente guerrero, se sentía tímido y reacio a pedir tal cosa; Caleb ya le había dado su hija. Sin embargo, Acsa conocía a su padre y su corazón generoso, así que pidió audazmente por mucho y lo recibió. Ella conocía a su padre y su gracia hacia ella. Cuando conocemos el corazón del Padre, nos da valor para pedir. No seremos tímidos. Vendremos delante de Él sabiendo que Él se deleita en los que conocen Su bondad y deseo de bendecir. Esto creará una fe en nosotros hacia el Señor que Él no negará. Eso es lo que el Espíritu de Adopción crea dentro de nosotros.

Toma nota también que el clamor creado en nosotros es *Abba Padre*. *Abba* es un término de cariño. *Padre* es un término de autoridad. El Espíritu de Adopción hace consciencia de ambos aspectos de Dios y Su Paternidad. *Abba* básicamente significa Papá en nuestra cultura. Cuando a alguien se le llama Papá, Papi u otros términos, da a entender un sentido de cercanía e intimidad. Comunica un lugar profundo de aceptación y amor. Esto es absolutamente necesario para que nos acerquemos a Dios como Padre. De otra manera, somos reacios a presentarnos ante Él, inseguros de Su postura hacia nosotros. La revelación de que Él es nuestro Abba es crucial. Esto es lo que el hijo pródigo no sabía acerca de su padre. En Lucas 15:17-19 vemos a este hijo preparar lo que va a decir mientras contempla regresar a la casa de su padre.

*Entonces, volviendo en sí, dijo: "¡Cuántos de los trabajadores de mi padre tienen pan de sobra, pero yo aquí perezco de hambre! Me levantaré e iré a mi padre, y le diré: 'Padre, he pecado contra el cielo y ante ti; ya no soy digno de ser llamado hijo tuyo; hazme como uno de tus trabajadores'".*

El hijo rebelde solo puede pensar que quizá en un momento de misericordia su padre lo haga uno de sus trabajadores. En sus sueños más locos no podía siquiera imaginar que su padre lo restablecería como hijo. Sin embargo, cuando llega a casa, el padre lo ve venir y corre a recibirlo. El muchacho comienza su discurso, pero el padre lo interrumpe en Lucas 15:20-24. El padre hace lo inimaginable y lo restaura totalmente como hijo y como miembro de la su casa.

*Levantándose, fue a su padre. Cuando todavía estaba lejos, su padre lo vio y sintió compasión por él, y corrió, se echó sobre su cuello y lo besó. Y el hijo le dijo: "Padre,* he pecado contra el cielo y ante ti; ya no soy digno de ser llamado hijo tuyo". Pero el padre dijo a sus siervos: "Pronto; traigan la mejor ropa y vístanlo; pónganle un anillo en su mano y sandalias en los pies. Traigan el becerro engordado, mátenlo, y comamos y regocijémonos; porque este hijo mío estaba muerto y ha vuelto a la vida; estaba perdido y ha sido hallado". Y comenzaron a regocijarse.

El hijo ni siquiera puede terminar el discurso que ha preparado. El papá está tan emocionado por el regreso del hijo que empieza a indicar que le traigan ropa, anillos, sandalias y que hagan fiesta. Su hijo estaba en casa y nada lo podía hacer más feliz. Esto es Abba. El Espíritu de Adopción revela este aspecto de quién Dios es en Su Paternidad hacia nosotros. Esta es la primera cosa que Dios quiere que conozcamos acerca de quién es Él en Su Paternidad para nosotros.

El Señor también se revela como Padre por el Espíritu de Adopción. Esto es Dios operando en Su autoridad. Mientras que *Abba* es un término de cariño, *Padre* habla de la autoridad de Dios. El uno no niega lo otro. Aunque Dios es nuestro Abba amoroso, cuidadoso y dador de vida, también es el que lleva toda autoridad. En cualquier casa tiene que haber autoridad. Esto es lo que da orden al hogar. Sin autoridad que se manifiesta en disciplina, habrá caos. La disciplina debe darse desde una perspectiva amorosa, pero tiene que tomar lugar para que los hijos crezcan y estén preparados para su destino. Si lo único que reciben los hijos es el cuidado de Abba pero sin la disciplina del Padre, potencialmente terminarás con personas irresponsables. Esto es lo que Hebreos 12:6-8 nos dice acerca de Dios como Padre.

*"Porque el Señor al que ama, disciplina, Y azota a todo el que recibe por hijo".*

*Es para su corrección que sufren. Dios los trata como a hijos; porque ¿qué hijo hay a quien su padre no discipline? Pero si están sin disciplina, de la cual todos han sido hechos participantes, entonces son hijos ilegítimos y no hijos verdaderos.*

Si nunca experimentamos la corrección o disciplina del Señor, entonces debemos preguntar si en verdad somos de Él o no. El que verdaderamente pertenece a Dios periódicamente será disciplinado por Él. Esto realmente es una prueba de que somos Sus hijos e hijas. Es un señal de que Él nos ama y cuida de nosotros lo suficiente como para corregirnos para nuestro propio bien. Esto es el fluir de la paternidad de Dios y Su autoridad en nuestra vida. No solo es Dios Abba, pero también es Padre y nos hará cambiar a veces a través de Su disciplina. Sabemos que la gloria de Dios es lo que nos cambia. Se nos dice esto en 2 Corintios 3:18. Somos cambiados a Su imagen y semejanza, lo cual siempre ha sido el objetivo.

> Si nunca experimentamos la corrección o disciplina del Señor, entonces debemos preguntar si en verdad somos de Él o no.

*Pero todos nosotros, con el rostro descubierto, contemplando como en un espejo la gloria del Señor, estamos siendo transformados en la misma imagen de gloria en gloria, como por el Señor, el Espíritu.*

Esto es lo que le ocurrió a Isaías cuando Dios lo estaba purificando para que funcionara como Su profeta. Isaías 6:1-7 muestra a Isaías siendo purificado mientras está en la misma gloria del Señor.

*En el año de la muerte del rey Uzías vi yo al Señor sentado sobre un trono alto y sublime, y la orla de Su manto llenaba el templo. Por encima de Él había serafines. Cada uno tenía seis alas: con dos cubrían sus rostros, con dos cubrían sus pies y con dos volaban. Y el uno al otro daba voces, diciendo:*

"*Santo, Santo, Santo es el Señor de los ejércitos, Llena está toda la tierra de Su gloria*".

*Y se estremecieron los cimientos de los umbrales a la voz del que clamaba, y la casa se llenó de humo. Entonces dije:*

"*¡Ay de mí! Porque perdido estoy, Pues soy hombre de labios inmundos Y en medio de un pueblo de labios inmundos habito, Porque mis ojos han visto al Rey, el Señor de los ejércitos*".

*Entonces voló hacia mí uno de los serafines con un carbón encendido en su mano, que había tomado del altar con las tenazas. Con él tocó mi boca, y me dijo: "Esto ha tocado tus labios, y es quitada tu iniquidad y perdonado tu pecado".*

Al encontrarse Isaías en la intensa presencia y gloria de Dios, se le manifestó su propia pecaminosidad y falta de santidad. Cuando él reconoció esto, el cielo se movió para traerle limpieza y purificación. Fue corregido por el Señor en Su gloria. La frase: "¡Ay de mí!, porque perdido estoy" en realidad significa: "Soy tan malvado, debería ser destruido". Esto es corrección. No es que el Señor quería que se sintiera de esa manera, pero había la necesidad de que su pecado fuera excesivamente pecaminoso para que él se arrepintiera. En la gloria de Dios, cosas que de otra manera hubiéramos descartado y justificado se magnifican y se vuelven serias. Esto es bueno. Es la bondad de Dios que nos está corrigiendo para que aseguremos nuestro destino. Esto es precisamente lo que le ocurrió a Isaías. Isaías, al humillarse y arrepentirse en la gloria del Señor, fue cambiado. Dios, en Su amorosa misericordia y bondad, disciplinó a Isaías para que él pudiera ser partícipe de Su gloria y funcionar como Su profeta. Lo otro que quiero mencionar es que tenemos que acercarnos al Señor con un rostro descubierto. Esto significa que no estamos escondiendo nada y que todas las cosas están disponibles para la inspección del Señor. Cuando nos damos cuenta de la bondad de Señor, podemos con gran confianza abrir nuestras vidas a Él. Sabemos que cualquier disciplina que Él nos dé es para nuestro bien y Su gloria. Él es el Padre perfecto quien hace todas las cosas bien. Su disciplina es perfecta. A medida que perduremos y acojamos la disciplina del Señor como nuestro Padre, producirá en nosotros el carácter y la semejanza de Cristo que son necesarios para nuestro futuro y Sus propósitos. Hebreos 12:10-11 nos dice cuál es el resultado final del castigo y la corrección del Señor.

> **Cualquier disciplina que Él nos dé es para nuestro bien y Su gloria.**

*Porque ellos nos disciplinaban por pocos días como les parecía, pero Él nos disciplina para nuestro bien, para que participemos de Su santidad.*

*Al presente ninguna disciplina parece ser causa de gozo, sino de tristeza. Sin embargo, a los que han sido ejercitados por medio de ella, después les da fruto apacible de justicia.*

La corrección del Señor es para que podamos caminar en nuevos niveles de santidad y tener fruto apacible de justicia. Para mí, esto significa que hay una paz sostenida que comenzamos a experimentar como un resultado de la justicia que hace su obra en nuestras vidas. Se nos dice en Proverbios 16:7 que los enemigos en nuestra vida son sometidos y dejan de operar en nuestra contra cuando estamos plenamente de acuerdo con el Señor.

*Cuando los caminos del hombre son agradables al Señor,*
*Aun a sus enemigos hace que estén en paz con él.*

El Señor causa que aquello que vendría en nuestra contra incluso sea sometido cuando estamos caminando de una manera agradable delante de Él. Este es el fruto apacible de justicia del cual nos estamos beneficiando. Tenemos que permitir que la corrección del Padre obre en nosotros. Su corazón de amor hacia nosotros causará que entremos en orden divino al rendir nuestras vidas progresivamente a Sus caminos y orden.

Capítulo 2

# LAS TRES DIMENSIONES DE LA ORACIÓN:
## Acercarnos a Dios como Amigo

JESÚS, al seguir enseñando a los discípulos acerca de la oración en Lucas 11, cambió el enfoque de acercarse a Dios como Padre y comenzó a enseñarles acerca de venir delante de Dios como Amigo. Lucas 11:5-8 registra este discurso a medida que Jesús les enseñaba y revelaba estos secretos.

*También les dijo: "Supongamos que uno de ustedes tiene un amigo, y va a él a medianoche y le dice: 'Amigo, préstame tres panes, porque un amigo mío ha llegado de viaje a mi casa, y no tengo nada que ofrecerle'; y aquel, respondiendo desde adentro, le dice: 'No me molestes; la puerta ya está cerrada, y mis hijos y yo estamos acostados; no puedo levantarme para darte nada'. Les digo que aunque no se levante a darle algo por ser su amigo, no obstante, por su importunidad se levantará y le dará cuanto necesite".*

Jesús empieza a hablarles acerca de un hombre con dos amigos. Uno ha llegado de viaje y tiene una necesidad. El otro tiene los medios y la fuerza para satisfacer la necesidad. La idea es que nosotros seamos el amigo que está parado entre los dos. No tenemos la suficiencia para satisfacer a la persona que busca progresar en su viaje. Mas conocemos un amigo que sí la tiene. Por supuesto, el amigo en esta historia que tiene la suficiencia es el Señor. Nosotros somos los que estamos parados entre los dos en el lugar de la intercesión. Nos acercamos a Dios entonces como Amigo cuando estamos intercediendo a favor del otro. Cuando vemos a los que eran amigos de Dios en la escritura, vemos que esto es lo que hicieron. Tres veces se refiere a Abraham como el amigo de Dios.

*¿No fuiste Tú, oh Dios nuestro, el que echaste a los habitantes de esta tierra delante de Tu pueblo Israel, y la diste para siempre a la descendencia de Tu amigo Abraham?*
(2 Crónicas 20:7)

Como resultado de que Abraham fuera el amigo de Dios, Dios es fiel y guarda su pacto con Israel. Echó a los habitantes de la tierra que Dios había prometido que Abraham y sus descendientes poseerían. Todo esto es porque Dios consideró a Abraham Su amigo. Cuando somos el amigo de Dios, Él obra a favor de nuestros descendientes después de nosotros.

Isaías 41:8 también tiene a Abraham como el amigo de Dios. Como un resultado de esto, a Dios le importa la nación de Israel.

*Pero tú, Israel, siervo Mío, Jacob, a quien he escogido, Descendiente de Abraham, Mi amigo.*

Dios consideró a Israel Su siervo y Jacob al que había escogido, todo porque Abraham, su padre, había sido Su amigo. Cuando uno es el amigo de Dios, tiene un efecto generacional y en este caso, incluso determina el destino y el futuro de una nación.

El otro lugar donde Abraham fue llamado el amigo de Dios es en Santiago 2:21-23. Santiago argumenta que la fe de Abraham que produjo obras era parte de la razón por qué Dios consideraba a Abraham Su amigo.

*No fue justificado por las obras Abraham nuestro padre cuando ofreció a su hijo Isaac sobre el altar? Ya ves que la fe actuaba juntamente con sus obras, y como resultado de las obras, la fe fue perfeccionada; y se cumplió la Escritura que dice: "Y Abraham creyó a Dios y le fue contado por justicia", y fue llamado amigo de Dios.*

Abraham obedeció a Dios completamente. Su fe produjo una obediencia que bendijo el corazón de Dios. Esta es la clase de fe que permitió a Dios considerar a Abraham como justo. Abraham entonces llegó a ser conocido como el amigo de Dios. Estoy citando estas ocasiones porque como el amigo de Dios, a Abraham se le permitió pararse entre Sodoma y Gomorra y Dios. Exactamente lo que Jesús dijo con respecto a acercarnos al Señor es lo que se ve en esta ocasión. Génesis 18:21-33 hace una crónica de esta historia asombrosa de cuando Dios permite a Abraham estar involucrado en el destino y futuro de un pueblo.

*Descenderé ahora y veré si han hecho en todo conforme a su clamor, el cual ha llegado hasta Mí. Y si no, lo sabré".*

Entonces los hombres se apartaron de allí y fueron hacia Sodoma, mientras Abraham estaba todavía de pie delante del Señor.

Y Abraham se acercó al Señor y dijo: "¿En verdad destruirás al justo junto con el impío? Tal vez haya cincuenta justos dentro de la ciudad. ¿En verdad la destruirás y no perdonarás el lugar por amor a los cincuenta justos que hay en ella? Lejos de Ti hacer tal cosa; matar al justo con el impío, de modo que el justo y el impío sean tratados de la misma manera. ¡Lejos de Ti! El Juez de toda la tierra, ¿no hará justicia?".

Entonces el Señor le respondió: "Si hallo en Sodoma cincuenta justos dentro de la ciudad, perdonaré a todo el lugar por consideración a ellos".

Y Abraham respondió: "Ahora que me he atrevido a hablar al Señor, yo que soy polvo y ceniza. Tal vez falten cinco para los cincuenta justos. ¿Destruirás por los cinco a toda la ciudad?".

Y el Señor respondió: "No la destruiré si hallo allí cuarenta y cinco".

Abraham le habló de nuevo: "Tal vez se hallen allí cuarenta".

Y Él respondió: "No lo haré, por consideración a los cuarenta".

Entonces Abraham dijo: "No se enoje ahora el Señor, y hablaré. Tal vez se hallen allí treinta".

"No lo haré si hallo allí treinta", respondió el Señor.

Y Abraham dijo: "Ahora me he atrevido a hablar al Señor. Tal vez se hallen allí veinte".

Y Él respondió: "No la destruiré por consideración a los veinte".

Entonces Abraham dijo: "No se enoje ahora el Señor, y hablaré solo esta vez. Tal vez se hallen allí diez".

"No la destruiré por consideración a los diez", respondió el Señor. Tan pronto como acabó de hablar con Abraham, el Señor se fue, y Abraham volvió a su lugar.

Dios permitió y necesitaba que Abraham se posicionara delante de Él. Es claro que Abraham está parado entre Dios y Sodoma y Gomorra. Él está buscando mediar y negociar un trato con Dios que salvará a este lugar perverso. Tenemos que darnos cuenta de que Dios inició todo este escenario al revelarle a Abraham que tenía planes de destruir las ciudades. Le contó a Abraham un secreto. Esta es una de las características de ser amigo de Dios. Se revelan y cuentan secretos. Juan 15:15 muestra a Jesús declarando que Sus discípulos son amigos de Dios.

*Ya no los llamo siervos, porque el siervo no sabe lo que hace su señor; pero los he llamado amigos, porque les he dado a conocer todo lo que he oído de Mi Padre.*

La cosa que los hacía amigos era los secretos que Jesús les dijo que había oído del Padre. Dios le había dicho a Abraham el secreto de que Sodoma y Gomorra iban a ser destruidos. Como un resultado de este secreto, Abraham apeló a Dios que reconsiderara. Dios le dio una audiencia a Abraham y aceptó lo que le pedía. Este es el poder de ser amigo de Dios. Sabemos que Sodoma y Gomorra fueron destruidos porque no había diez justos. Sin embargo, esto no niega el hecho de que Dios permitió a un hombre mortal funcionar como Su amigo para determinar el futuro de un pueblo que él estaba representando delante del Señor. Primero, le recordó a Dios quién Él es. En Génesis 18:23-25, vemos a Abraham reverentemente recordándole a Dios quién es.

> Dios le dio una audiencia a Abraham y aceptó lo que le pedía. Este es el poder de ser amigo de Dios.

Y Abraham se acercó al Señor y dijo: "¿En verdad destruirás al justo junto con el impío? Tal vez haya cincuenta justos dentro de la ciudad. ¿En verdad la destruirás y no perdonarás el lugar por amor a los cincuenta justos que hay en ella? Lejos de Ti hacer tal cosa matar al justo con el impío, de modo que el justo y el impío sean tratados de la misma manera. ¡Lejos de Ti! El Juez de toda la tierra, ¿no hará justicia?".

Abraham le hace notar a Dios que Él es el Juez justo y que la integridad de quien Él es demanda que cualquier persona justa quede a salvo. El motivo de que Abraham peticionara a Dios en base a esto era su preocupación por la reputación de Dios en la tierra. A Abraham le importaba la gente de Sodoma y Gomorra, pero como el amigo de Dios, también le importaba la reputación y el testimonio de Dios. Cuando Abraham buscó a Dios en base a esto, Dios escuchó. Tenemos que saber cómo hablar el lenguaje correcto al Señor y a Sus amigos. Cuando lo hacemos, captamos Su atención y nos escucha. Moisés como el amigo de Dios utilizó el mismo enfoque en Números 14:13-16, después de que Dios fue movido a destruir a toda la nación de Israel a causa de su constante rebelión.

*Pero Moisés respondió al Señor: "Entonces lo oirán los egipcios, pues Tú sacaste a este pueblo de en medio de ellos con Tu poder, y se lo dirán a los habitantes de esta tierra. Estos han oído que Tú, oh Señor, estás en medio de Tu pueblo, porque Tú, oh Señor, eres visto cara a cara cuando Tu nube está sobre ellos; y Tú vas delante de ellos de día en una columna de nube, y de noche en una columna de fuego. Pero si Tú destruyes a este pueblo como a un solo hombre, entonces las naciones que han oído de Tu fama, dirán: 'Porque el Señor no pudo introducir a este pueblo a la tierra que les había prometido con juramento, por eso los mató en el desierto'".*

Como Abraham, Moisés le suplió al Señor en base a Su reputación y la marca que dejaría en la misma si mataba a toda la nación. El resultado fue que Dios escuchó a Moisés y siguió su consejo. Esto otra vez es el poder de un amigo de Dios. Moisés fue considerado un amigo de Dios según Éxodo 33:11.

*Y el Señor acostumbraba hablar con Moisés cara a cara, como habla un hombre con su amigo. Cuando Moisés regresaba al campamento, su joven ayudante Josué, hijo de Nun, no se apartaba de la tienda.*

La amistad de Moisés con Dios causó que una nación quedara a salvo que de otra manera hubiera sido destruida. Sin embargo, quedó a salvo porque alguien que era el amigo de Dios conocía el secreto de apelar a la inquietud de Dios en cuanto a esa cuestión. Cuando tanto Abraham como Moisés apelaron a Dios en base a Su reputación en la tierra, capturó la atención del Señor. Él oyó, escuchó, y tomó en cuenta la oración de Sus amigos en ambas situaciones.

Una segunda cosa que Abraham hizo como amigo de Dios es que estuvo de pie delante del Señor. Génesis 18:22 dice que Abraham *estaba todavía de pie delante del Señor.* En otras palabras, Abraham conocía el lugar donde estaba en ese momento delante de Dios y no se quería perder de esta oportunidad.

*Entonces los hombres se apartaron de allí y fueron hacia Sodoma, mientras Abraham estaba todavía de pie delante del Señor.*

Hay ocasiones en que, como el amigo de Dios, nos son concedidos momentos y tiempos en Su presencia. Tenemos que aprender a reconocer esto y mover estratégicamente. Si nos perdemos de estos momentos, la historia llega a ser diferente de lo que pudo haber sido. Tenemos que estar dispuestos a aprovechar estos lugares y tiempos e interceder en secreto delante del Señor como Sus amigos. Esto es lo que Abraham y Moisés hicieron. Por el hecho de que Abraham estaba todavía de pie delante del Señor, él estaba consciente del lugar que Dios le había otorgado como Su amigo. Él sabía que este lugar era estratégico en su naturaleza. Ser amigo de Dios no era algo de lo cual jactarse. Tenía una responsabilidad funcional conectada a ello. Dios necesitaba que Abraham representara asuntos problemáticos que había en la tierra delante de Él. Como Su amigo, Dios escucharía a Abraham cuando no tomaría en cuenta a otros. Como el amigo de Dios, una carga fue puesta sobre Abraham de pararse entre Dios y lo que estaba designado para destrucción. Era la tarea de Abraham como un amigo buscar cambio y alterar este futuro. Es también la nuestra como amigo del Señor.

> Era la tarea de Abraham como un amigo buscar cambio y alterar este futuro. Es también la nuestra como el amigo del Señor.

La tercera cosa que hizo Abraham como el amigo de Dios fue que buscó el límite en el mundo espiritual. Abraham empezó con cincuenta y llegó hasta diez. Sucedió así porque él no sabía cuál era el límite en cuanto a lo que Dios permitiría. Esto es lo que nosotros también podemos hacer. Muchas veces en oración, no sé qué debo pedir o hasta dónde debo llegar en mi petición. Generalmente uso el acercamiento que Abraham usó. Él fue muy reverente y honroso, sin embargo, hizo peticiones hasta que se enteró de cuáles eran los límites que Dios había puesto. Génesis 18:27 muestra que Abraham se presenta humilde y respetuosamente delante del Señor, buscando discernir qué era permisible.

*Y Abraham respondió: "Ahora que me he atrevido a hablar al Señor, yo que soy polvo y ceniza".*

Toma nota de la humildad de Abraham al buscar percibir qué sí y qué no debía hacer. Sigue nuevamente en Génesis 18:30-31.

*Entonces Abraham dijo: "No se enoje ahora el Señor, y hablaré. Tal vez se hallen allí treinta".*

*"No lo haré si hallo allí treinta", respondió el Señor.*

*Y Abraham dijo: "Ahora me he atrevido a hablar al Señor. Tal vez se hallen allí veinte".*

*Y Él respondió: "No la destruiré por consideración a los veinte".*

Abraham está siendo muy cuidadoso mientras empuja los límites buscando discernir cuáles son. Esto es lo que hacemos en oración al peticionar al Señor como nuestro Amigo. Vemos por un espejo oscuramente (ver 1 Corintios 13:12). En otras palabras, estamos buscando percibir qué está sucediendo en el ámbito invisible en el cual estamos funcionando como los amigos de Dios. Dios sabe esto y nos ayuda en nuestro esfuerzo a través de la persona del Espíritu Santo. Al buscar los límites, no nos queremos quedar cortos, pero tampoco queremos ir más allá de estos y contristar a Dios. Esto es lo que Abraham está buscando equilibrar en este lugar. Génesis 18:32 muestra a Abraham pidiendo una vez más.

*Entonces Abraham dijo: "No se enoje ahora el Señor, y hablaré solo esta vez. Tal vez se hallen allí diez".*

*"No la destruiré por consideración a los diez", respondió el Señor.*

Abraham claramente está convencido de que él ha alcanzado el límite de lo que Dios permitiría. Al pedir por diez, Dios acepta. Literalmente, Dios y Abraham juntos han decidido cuál podría ser el futuro de Sodoma y Gomorra. Por supuesto, sabemos que fue destruido porque no se hallaron a diez justos. Pero la lección aprendida acerca de un amigo de Dios operando delante del Señor es algo asombroso. Es la pasión de Dios que funcionemos en este lugar también; que nos paremos y representemos a otros delante de Él.

Capítulo 3

# Las tres dimensiones de la oración:
## Acercarnos a Dios como Juez

Jesús sigue con Su enseñanza acerca de la oración en Lucas 18:1-8. Después de señalar la necesidad de acercarse a Dios como Padre y Amigo, es como si dejara a los discípulos para que *practicaran* estos dos ámbitos de oración. Luego vuelve al tema en estos versículos siete capítulos después.

*Jesús les contó una parábola para enseñarles que ellos debían orar en todo tiempo, y no desfallecer: "Había en cierta ciudad un juez que ni temía a Dios ni respetaba a hombre alguno. También había en aquella ciudad una viuda, la cual venía a él constantemente, diciendo: 'Hágame usted justicia de mi adversario'. Por algún tiempo el juez no quiso, pero después dijo para sí: 'Aunque ni temo a Dios, ni respeto a hombre alguno, sin embargo, porque esta viuda me molesta, le haré justicia; no sea que por venir continuamente me agote la paciencia'".*

*El Señor dijo: "Escuchen lo que dijo el juez injusto. ¿Y no hará Dios justicia a Sus escogidos, que claman a Él día y noche? ¿Se tardará mucho en responderles? Les digo que pronto les hará justicia. No obstante, cuando el Hijo del Hombre venga, ¿hallará fe en la tierra?".*

La escritura dice que la razón por qué Jesús compartió esta parábola/enseñanza era para animar a los discípulos cuando las oraciones no recibían respuesta. Parece que si los discípulos habían estado practicando las dos dimensiones de oración que Jesús les había dado, cuando menos algunas oraciones no estaban siendo contestadas. Jesús da esta enseñanza para alentarles a no perder el ánimo. En realidad, esto significa que *no debían volverse cobardes.* ¿No es interesante que la oración viene siendo una declaración de audacia? Cuando oramos, incluso cuando parece que no funciona, estamos actuando de una manera audaz y llena de valor. Hay ocasiones en las Escrituras cuando se critica al pueblo de Dios porque no actuó de una manera valiente debido a que no creyó a Dios. El Salmo 78:9 revela que una porción del pueblo de Dios, aunque equipados con lo que necesitaban, "volvieron sus espaldas" en vez de pelear.

*Los hijos de Efraín eran arqueros bien equipados,*
*Pero volvieron las espaldas el día de la batalla.*

En vez de usar lo que tenían en su mano, huyeron el día de la batalla. Cedieron territorio a su enemigo en vez de permanecer firmes y pelear. Esto se consideró un hecho muy deshonorable porque contaban con lo que necesitaban. Pero en lugar de ello, se acobardaron. Esta es una imagen de lo que Jesús estaba pintando en cuanto a la oración. Tenemos que saber que tenemos a nuestra disposición todo lo que necesitamos para obtener el éxito.

Simplemente necesitamos usar lo que se ha puesto en nuestras manos. Cuando Jesús comenzó a colocar la oración en un sistema judicial, estaba colocando todo lo que sería necesario para pelear y ganar cualquier y todas las batallas en nuestras manos.

> Cuando Jesús comenzó a colocar la oración en un sistema judicial, estaba colocando todo lo que sería necesario para pelear y ganar cualquier y todas las batallas en nuestras manos.

La clave para orar audazmente no es incrementar nuestra voluntad y determinación. Es reconocer un secreto que Jesús está revelando en esta historia que contó. Jesús no se estaba comportando como un porrista que trataba de estimular emocionalmente a los discípulos. En realidad les estaba mostrando un misterio en cuanto a cómo conseguir que las oraciones sin contestar sean contestadas. Así como acercarse a Dios como Padre y Amigo es esencial para la oración efectiva, acercarse a Dios en Su sistema judicial como Juez es igual de esencial, si no más. Jesús no estaba contando Su historia para pintar a Dios como un juez injusto a quien se necesitaba convencer. Simplemente estaba contando la historia para dar a conocer que si esta viuda, por medio de la persistencia, pudo conseguir un veredicto/una decisión por parte del juez, cuánto más podemos nosotros conseguir una decisión por parte del Juez de toda la tierra. Jesús estaba revelando el tercer y decisivo ámbito de la oración: acercarse a Dios como Juez.

En esta historia, la viuda tiene un adversario. La palabra *adversario* en el griego es *antidikos*. Literalmente significa *uno que presenta una demanda*. Está implicando nuestro *oponente legal*. La razón por qué la viuda no estaba consiguiendo victoria era porque había un *caso legal* en su contra. Esto me lleva a una de las declaraciones más importantes que haré en este libro. *La razón por qué una oración que está de acuerdo con la palabra de Dios no es contestada es porque ¡algo legal te está resistiendo en el mundo espiritual!* Si nos damos cuenta de esta sola verdad, principio y secreto, estaremos en camino a nuestras respuestas y victorias. Este misterio tiene muchas ramificaciones conectadas al mismo. Abre la puerta a nuevos entendimientos y a la manera en que nos acercamos a la oración, la guerra espiritual y la lucha por nuestro destino y futuro en Dios. Vamos a hablar acerca de cómo podemos funcionar en el ámbito/la dimensión de la oración al acercarnos al Señor como el Juez. Podemos llegar a ser proficientes en tener comunión con Él como nuestro Padre, nuestro Amigo y como el Juez en Su ámbito judicial.

Si hemos de funcionar en el sistema judicial en los Tribunales del Cielo, debemos estar conscientes del Señor como Juez. Así como necesitamos conocerlo como Padre y Amigo, debemos tener una consciencia y revelación del Señor como Juez. En Daniel 7:9-10 vemos una imagen asombrosa de los Tribunales del Cielo. Daniel como vidente podía ver en el reino invisible y ver este Tribunal. Las decisiones de este Tribunal de hecho determinaban la vida en la tierra.

*Seguí mirando*
*Hasta que se establecieron tronos,*
*Y el Anciano de Días se sentó.*
*Su vestidura era blanca como la nieve,*
*Y el cabello de Su cabeza como lana pura,*
*Su trono, llamas de fuego,*
*Y sus ruedas, fuego abrasador.*
*Un río de fuego corría,*
*Saliendo de delante de Él.*
*Miles de millares le servían,*
*Y miríadas de miríadas estaban en pie delante de Él.*
*El tribunal se sentó,*
*Y se abrieron los libros.*

Toma nota de que el que está sentado en el Trono es el Anciano de Días. Esta es la descripción de Dios como el Juez que está gobernando sobre el sistema judicial del cielo. Anciano significa *uno que es venerable y digno de respeto debido a su edad, carácter y sabiduría.* El Señor como Juez es digno de nuestra adoración, veneración y obediencia porque es Dios. Él siempre lo ha sido y siempre lo será. Él es eterno. Este Juez es impecable en Su carácter. Es incapaz de la corrupción o de dejarse sobornar. Él rendirá las decisiones correctas. No hay parcialidad con Él. Él rendirá juicios según Su estado de derecho. Romanos 2:9-11 refuerza que Dios como Juez rendirá decisiones concernientes a nosotros que son justas y equitativas.

*Habrá tribulación y angustia para toda alma humana que hace lo malo, del judío primeramente y también del griego; pero gloria y honor y paz para todo el que hace lo bueno, al judío primeramente, y también al griego. Porque en Dios no hay acepción de personas.*

Incluso si el Señor quisiera, quien Él es demanda que no haga acepción de personas. Como Juez, Él tiene que rendir decisiones que son imparciales y justas. El Señor como Juez también está lleno de sabiduría. Esto significa que en los casos más difíciles Él puede rendir decisiones sabias e indiscutibles. Esta clase de sabiduría se vio en Salomón cuando las dos mujeres que tenían bebés vinieron delante de él. Uno de los bebés había muerto y el otro seguía con vida. Salomón tomó una asombrosa decisión para discernir quién era la verdadera madre del bebé. Vemos este suceso en 1 Reyes 3:23-28. Ambas madres están contendiendo que el bebé vivo es de ellas. En la sabiduría de Dios, Salomón rinde una decisión.

*Entonces el rey dijo: "Esta dice: 'Este es mi hijo que está vivo y tu hijo es el muerto'; y la otra dice: 'No, porque tu hijo es el muerto y mi hijo es el que vive'". Y el rey dijo: "Tráiganme una espada". Y trajeron una espada al rey. Entonces el rey dijo: "Partan al niño vivo en dos, y den la mitad a una y la otra mitad a la otra".*

*Entonces la mujer de quien era el niño vivo habló al rey, pues estaba profundamente conmovida por su hijo, y dijo: "Oh, mi señor, déle a ella el niño vivo, y de ninguna manera lo mate". Pero la otra decía: "No será ni mío ni tuyo; pártanlo".*

> Entonces el rey respondió: "Den el niño vivo a la primera mujer, y de ninguna manera lo maten. Ella es la madre". Cuando todo Israel oyó del juicio que el rey había pronunciado, temieron al rey, porque vieron que la sabiduría de Dios estaba en él para administrar justicia.

Esta sabiduría con la cual Salomón tomaba decisiones causó que la gente lo honrara y reverenciara. Él había tomado estas decisiones en base a la sabiduría y perspectiva de Dios. Esto nos da una imagen de la sabiduría de Dios en diferentes asuntos. El Señor como el Anciano de Días está sentado en este trono en el cielo. Él gobierna el sistema judicial y toma decisiones que permiten que el reino de la tierra entre en Su orden. Podemos ver esto aun más en Daniel 7:25-27. Vemos lo que se supone que es el espíritu del anticristo en operación y tratando de gobernar la tierra.

> Él proferirá palabras contra el Altísimo y afligirá a los santos del Altísimo, e intentará cambiar los tiempos y la ley. Y le serán entregados en sus manos por tres años y medio.
> Pero el tribunal se sentará para juzgar, y su dominio le será quitado, aniquilado y destruido para siempre.
> Y la soberanía, el dominio y la grandeza de todos los reinos debajo de todo el cielo serán entregados al pueblo de los santos del Altísimo. Su reino será un reino eterno, y todos los dominios le servirán y le obedecerán.

Al busca extender su reino este espíritu de anticristo, los Tribunales del Cielo se sientan. Esto significa que el tribunal se pone en orden y está listo para escuchar la evidencia y rendir veredictos.

El Tribunal rinde un juicio en contra de este espíritu que tiene la intención de dominar la tierra. El resultado es que los santos que han sido asediados, atacados y abusados por este espíritu y los que están conectados con él quedan libres. Un veredicto de los Tribunales del Cielo libera a los santos de la derrota y los coloca en el dominio. Dios entrega las naciones de la tierra al dominio del pueblo de Dios. Este es el resultado de la actividad de los Tribunales del Cielo. Somos llamados por Dios a funcionar en este Tribunal como parte de su proceso. Isaías 43:25-26 nos da un vistazo a su operación y nuestro involucramiento.

> Un veredicto de los Tribunales del Cielo libera a los santos de la derrota y los coloca en el dominio.

*Yo, Yo soy el que borro tus transgresiones por amor a Mí mismo,*
*Y no recordaré tus pecados.*
*Hazme recordar,*
  *discutamos juntos nuestro caso;*
*Habla tú para justificarte.*

El Señor le está diciendo a Su pueblo que presenten un caso delante de El, haciéndolo recordar como el Señor. Debemos traer nuestros casos ante el Señor y declararlos. Esto le dará al Señor el derecho legal que necesita como Juez de rendir decisiones a nuestro favor. Los Tribunales del Cielo son un Tribunal real que funciona. Aunque Dios es Dios, necesita que los casos sean presentados ante Él para poder rendir veredictos. Esto es por qué Él está declarando que tenemos que hacerlo recordar al declarar nuestro caso en el Tribunal. Somos una parte del proceso de este sistema judicial celestial.

Hay varios lugares en las Escrituras donde vemos claramente que Dios se manifiesta como Juez. Hebreos 12:22-24 muestra las actividades del mundo invisible del cual formamos parte. Este ámbito es de naturaleza legal.

*Ustedes, en cambio, se han acercado al monte Sión y a la ciudad del Dios vivo, la Jerusalén celestial, y a miríadas de ángeles, a la asamblea general e iglesia de los primogénitos que están inscritos en los cielos, y a Dios, el Juez de todos, y a los espíritus de los justos hechos ya perfectos, y a Jesús, el mediador del nuevo pacto, y a la sangre rociada que habla mejor que la sangre de Abel.*

Mucho de lo que se menciona aquí es legal. Esto es porque está describiendo la actividad que rodea y que es parte de los Tribunales del Cielo. La palabra iglesia en el griego es *ecclesia*. Es una referencia a un pueblo *judicial, legislativo y gubernamental*. Esto es lo que la iglesia es. Somos llamados y establecidos por Dios como los que tenemos el derecho de pararnos en estos lugares del mundo invisible. Los *espíritus de los justos* es una referencia a la *gran nube de testigos* de la cual se habla en Hebreos 12:1.

*Por tanto, puesto que tenemos en derredor nuestro tan gran nube de testigos, despojémonos también de todo peso y del pecado que tan fácilmente nos envuelve, y corramos con paciencia la carrera que tenemos por delante.*

El término *testigo* es la palabra griega *martus*. Significa un *testigo judicial*. La nube de testigos da testimonio en el ámbito celestial como una parte de la actividad de los Tribunales del Cielo. *Jesús el Mediador del Nuevo Pacto* también es lenguaje legal. Mediador y Nuevo Pacto llevan una fuerte referencia judicial. *La sangre rociada que habla* infiere testimonio que se está dando. *Esta sangre rociada habla mejor que la sangre de Abel.* Cuando vemos Génesis 4:9-12, vemos a Dios sentenciando a Caín por matar a Abel su hermano. Esto es debido al testimonio de la sangre de Abel.

*Entonces el Señor dijo a Caín: "¿Dónde está tu hermano Abel?".*

*Y él respondió: "No sé. ¿Soy yo acaso guardián de mi hermano?".*

*Y el Señor le dijo: "¿Qué has hecho? La voz de la sangre de tu hermano clama a Mí desde la tierra. Ahora pues, maldito eres de la tierra, que ha abierto su boca para recibir de tu mano la sangre de tu hermano. Cuando cultives el suelo, no te dará más su vigor. Vagabundo y errante serás en la tierra".*

La voz de la sangre de Abel requería un juicio en contra de Caín. Sin embargo, la sangre de Jesús habla mejor que la sangre de Abel. La sangre de Jesús está clamando por perdón, misericordia, redención y bondad. En base a la sangre de Jesús, Dios tiene el derecho legal de perdonar y redimirnos. Tenemos que aprender a estar de acuerdo y aceptar el testimonio de la sangre de Jesús en nuestro favor. Además de esto, se nos dice que Dios es el Juez de Todos. Esta escritura no lo revela como Rey, Señor o cualquier otro título digno. Lo revela como Juez. Esto es porque esta escritura nos está dando perspectiva en cuanto a lo que hemos llegado a ser. Esto significa que somos una parte de una dimensión legal del mundo espiritual y tenemos un derecho de funcionar aquí como creyentes del Nuevo Testamento. Sin embargo, en este lugar nos estamos acercando a Dios como el Juez de Todos. Somos llamados y comisionados por Dios a operar en este lugar de actividad legal por nosotros, nuestras familias, nuestras asignaciones y nuestras culturas. Somos establecidos por Dios para presentar casos que permiten decisiones para que las pasiones de Dios puedan realizarse aquí en la tierra.

Génesis 18:25 muestra a Abraham apelando a Dios como el Juez justo. Está recordando a Dios quién Él es. También está reconociendo que su fe es esta parte de Su carácter.

*Lejos de Ti hacer tal cosa: matar al justo con el impío, de modo que el justo y el impío sean tratados de la misma manera. ¡Lejos de Ti! El Juez de toda la tierra, ¿no hará justicia?*

Nuevamente, esto es hacer a Dios recordar. Esta es la manera en que presentamos casos delante de Él. Abraham hace recordar a Dios que como Juez, Él tiene que hacer lo que es correcto. El Señor no permitiría que Su ira por la perversidad de Sodoma y Gomorra le haga olvidarse de los justos. Esto es por qué Dios liberó a Lot de la ciudad antes de que fuera destruida. Génesis 19:21-19 revela a Dios liberando a Lot porque Él se acordó de Abraham. Lot era un hombre justo. Dios no podía y tampoco haría destruir a Sodoma y Gomorra hasta que Lot estuviera a salvo.

*Y él le respondió: "Bien, te concedo también esta petición de no destruir la ciudad de que has hablado. Date prisa, escapa allá, porque nada puedo hacer hasta que llegues allí". Por eso el nombre que se le puso a la ciudad fue Zoar.*

*El sol había salido sobre la tierra cuando Lot llegó a Zoar. Entonces el Señor hizo llover azufre y fuego sobre Sodoma y Gomorra, de parte del Señor desde los cielos. Él destruyó aquellas ciudades y todo el valle y todos los habitantes de las ciudades y todo lo que crecía en la tierra.*

*Pero la mujer de Lot, que iba tras él, miró hacia atrás y se convirtió en una columna de sal.*

*Abraham se levantó muy de mañana, y fue al sitio donde había estado delante del Señor. Dirigió la vista hacia Sodoma y Gomorra y hacia toda la tierra del valle y miró; y el humo ascendía de la tierra como el humo de un horno. Pero cuando Dios destruyó las ciudades del valle, se acordó de Abraham e hizo salir a Lot de en medio de la destrucción, cuando destruyó las ciudades donde había habitado Lot.*

Abraham había presentado su caso delante de Dios como el Juez justo de tal manera que Lot quedó a salvo por ser considerado justo. Otras partes de su familia perecieron. Lot, sin embargo, fue liberado.

Toma nota de que el ángel literalmente dijo que no podía hacer nada hasta que Lot estuviera en un lugar seguro. Esto es porque Dios se acordó de Abraham y dejó a Lot a salvo. 2 Pedro declara que Lot era justo a pesar de estar abrumado por el entorno en el que se había sometido a sí mismo y a su familia.

*Además rescató al justo Lot, abrumado por la conducta sensual de hombres libertinos.*

Esta justicia y el caso de Abraham delante del Señor permitieron que Lot quedara a salvo. Podemos hacer lo mismo delante del Juez justo. Podemos ver que se rindan veredictos a nuestro favor y a favor de los que representamos delante del Señor.

> Podemos ver que se rindan veredictos a nuestro favor y a favor de los que representamos delante del Señor.

Raquel también vio rota su esterilidad al acercarse a Dios como juez en Génesis 30:6.

*Entonces Raquel dijo: "Dios me ha vindicado. Ciertamente ha oído mi voz y me ha dado un hijo". Por tanto le puso por nombre Dan.*

Aunque este hijo llegó a través de su sierva, ella sabía que Dios estaba comenzando a deshacer la esterilidad que la había afligido y atormentado. Posteriormente ella tendría hijos por su propia cuenta también. Ella atribuyó este giro en su vida al hecho de que Dios tomó decisiones desde Su lugar judicial como Juez. Su clamor había sido escuchado en el cielo y Dios había juzgado a favor de ella. El nombre Dan de hecho significa juez. Ella le dio este nombre al niño para conmemorar y revelar el lado judicial de Dios.

Jesús de hecho funcionó en la tierra consciente de Dios como Juez. 1 Pedro 2:21-23 dice que el poder de Jesús de permanecer callado en momentos de terrible maltrato era porque sabía que Dios juzga con justicia.

*Porque para este propósito han sido llamados, pues también Cristo sufrió por ustedes, dejándoles ejemplo para que sigan Sus pasos,*

*el cual no cometió pecado, ni engaño alguno se halló en Su boca;*

*y quien cuando lo ultrajaban, no respondía ultrajando. Cuando padecía, no amenazaba, sino que se encomendaba a Aquel que juzga con justicia.*

La persuasión de Jesús era que Dios lo vindicaría y justificaría. Así que no sintió ninguna compulsión de vindicarse o justificarse por Su propia cuenta. Qué lección más poderosa que aprender. De otra manera, buscamos pelear las batallas que deberíamos permitir que Dios pelee por nosotros. La resurrección de Jesús de entre los muertos fue la vindicación máxima. Aunque los hombres lo habían rechazado, Dios lo había aceptado. Esto ha justificado a Jesús por todas las edades. Un día Él regresará como Juez de todos. Jesús fue muy claro en cuanto a esto. Dios juzgaría al mundo a través de Aquel que había sido rechazado. Hechos 17:31 dice que Jesús será el Hombre por medio de quien Dios juzgará al mundo. El que resucitó de entre los muertos.

*Porque Él ha establecido un día en el cual juzgará al mundo en justicia, por medio de un Hombre a quien Él ha designado, habiendo presentado pruebas a todos los hombres cuando lo resucitó de entre los muertos.*

Esta es la justicia definitiva del Señor. El que fue juzgado y rechazado será usado para juzgar a todos los demás. Esta es la vindicación y justificación de Dios.

También vemos una revelación de Dios como Juez en Apocalipsis 13:10. Los que han sufrido y han sido perseguidos encuentran el poder para perseverar debido a la justicia de Dios.

*Si alguien es destinado a la cautividad, a la cautividad va; si alguien ha de morir a espada, a espada ha de morir. Aquí está la perseverancia y la fe de los santos.*

La realidad de que hay justicia con Dios da a los santos la fe y la paciencia para perseverar. Todo esto viene de la comprensión de que Dios es Juez y que rendirá veredictos para y a favor de Su pueblo. Incluso en la parábola del juez injusto y la viuda, Jesús declara que Dios hará justicia a Sus escogidos. Lucas 18:7 de esa parábola refuerza esta idea.

*¿Y no hará Dios justicia a Sus escogidos, que claman a Él día y noche? ¿Se tardará mucho en responderles?*

Los *escogidos*, los que son los escogidos de Dios, reciben el beneficio de la posición y el lugar de Dios como Juez de toda la tierra. Los Tribunales del Cielo no tienen el propósito de obrar en contra de los amados y aceptados, sino que han de obrar a nuestro favor. A medida que aprendamos a operar en los Tribunales del Cielo, experimentaremos victorias en constante aumento para nosotros, nuestras familias y las asignaciones que nos son dadas por parte del Señor. Somos formados y estamos destinados a pararnos en los Tribunales y presentar casos delante de Él. Que ocupemos nuestros lugares y que no nos dejemos mover.

> Los *escogidos*, los que son los escogidos de Dios, reciben el beneficio de la posición y el lugar de Dios como Juez de toda la tierra.

Señor, al venir ante Tus Tribunales, te hacemos petición como los escogidos de Dios. Somos los escogidos en Ti desde antes de los fundamentos de la tierra. Gracias que Tú, Señor, eres nuestro Padre, Amigo y Juez. Por fe tomamos nuestra posición en todos estos lugares de oración. En particular, nos aceramos a Ti como el Juez de toda la tierra. Que aprendamos y adquiramos el poder de estar de pie delante de Ti en Tu lugar santo y representar casos en estos Tribunales. Gracias que la sangre de Jesús nos da acceso y aceptación en estos lugares santos. En el nombre de Jesús, ¡amén!

Capítulo 4

# Aprende a funcionar en los Tribunales

UNA de las cosas que hizo que los Tribunales del Cielo fuera una revelación tan singular fue la forma en que llegó. No fue el resultado de años de profundo estudio. No fue gracias a mucho tiempo dedicado a la investigación bíblica. Toda la revelación de los Tribunales del Cielo vino a través de un encuentro con el Señor durante mi tiempo personal de oración. Las otras cosas que he mencionado concernientes al estudio y la investigación bíblica ayudaron una vez que estuve consciente de esta dimensión. Sin embargo, la comprensión misma fue porque Dios mismo me lo reveló. Yo no lo sabía en el momento, pero Dios me estaba otorgando un concepto que no solo ha comenzado a tocar esta generación, sino que también afectará a las generaciones venideras. Esto es lo que le sucedió a Sansón en Jueces 15:18-20.

> *Después sintió una gran sed, y clamando al Señor, dijo: "Tú has dado esta gran liberación por mano de Tu siervo, y ahora, ¿moriré yo de sed y caeré en manos de los incircuncisos?". Y abrió Dios la cuenca que está en Lehi y salió agua de ella. Cuando bebió, recobró sus fuerzas y se reanimó. Por eso llamó a aquel lugar En Hacore, el cual está*

en Lehi hasta el día de hoy. *Sansón juzgó a Israel veinte años en los días de los filisteos.*

Después de que Sansón matara a 1,000 filisteos con la quijada de un asno, él se deshizo de él y comenzó a clamar a Dios con gran sed. Sea que fuera real o imaginaria, Sansón sentía que estaba a punto de morir debido a su condición en ese momento. Cuando clamó al Señor, el Señor oyó y contestó. Abrió la *cuenca* y agua salió de ella. Samuel bebió y fue refrescado y avivado. Aunque esta *cuenca* literalmente estaba en la tierra y estaba llena de agua, habla de nosotros. Cada uno de nosotros tenemos una "*cuenca*" donde está el depósito de Dios. Si hemos sido salvados y estamos llenos del Espíritu Santo de Dios, el mismo Espíritu que resucitó a Cristo de entre los muertos vive en nosotros según Romanos 8:11.

*Pero si el Espíritu de Aquel que resucitó a Jesús de entre los muertos habita en ustedes, el mismo que resucitó a Cristo Jesús de entre los muertos, también dará vida a sus cuerpos mortales por medio de Su Espíritu que habita en ustedes.*

Nos dice aquí que el poder del Espíritu Santo en nosotros dará vida a nuestros cuerpos mortales. No solo significa esto que seremos sanados y redimidos de la enfermedad natural, sino que seremos investidos del poder del Espíritu Santo para propósitos sobrenaturales. La clave es que se abra lo que está en nosotros y que salga. Esto es a lo que se refiere donde dice que la *cuenca* fue abierta. Hay un quebrantamiento que ocurrirá en lo muy profundo de nosotros que desatará un fluir del poder divino que nos dará bebida. La Biblia señala otros dos elementos importantes en cuanto a lo que ocurrió en este momento. Primero, dice que esta cuenca está allí hasta el día de hoy. Esto significa que al escribir este suceso en el libro de los Jueces, que pudo haber sido muchos siglos después, esta cuenca de agua que fue abierto por el clamor de Sansón seguía fluyendo. Esto revela que el momento de dolor en el cual estaba Sansón produjo un clamor que abrió una cuenca para generaciones. En otras palabras, Dios usó el clamor de Sansón desde su lugar de incomodidad e incluso agonía para abrir algo no solo para él, sino para futuras generaciones. ¡Su dolor se convirtió en una oración que contenía ese nivel de poder! De hecho, el nombre de ese lugar llegó a ser conocido como *En Hakorre*. En hebreo, eso significa ¡el *manantial del clamador*! El nombre de la cuenca que fue abierta hace saber que el clamor de Sansón desde su dolor abrió aquello del cual la gente seguía bebiendo todavía generaciones después.

Posiblemente el dolor en el cual estás se trata de algo más que tú. Posiblemente el dolor tenga que ver con Dios creando el nivel de un clamor que pueda y abrirá un manantial del que beberán y se refrescarán las generaciones venideras. La otra cosa que ocurrió fue que Sansón juzgó a Israel por 20 años. Esto parece estar conectado con la apertura de esta fuente. El lugar de donde bebió Sansón ese día le dio el poder para funcionar por 20 años.

> Posiblemente el dolor tenga que ver con Dios creando un clamor que puede y abrirá un manantial del que beberán y se refrescarán las generaciones venideras.

Lo que he descrito de hecho es lo que me ocurrió a mí. Después de enseñar de los Tribunales del Cielo durante diez años en el momento de escribir este libro, te puedo decir que Dios ha usado y usará esta revelación por las generaciones venideras. También puedo decirte que lo que se abrió para mí en el encuentro que mencioné con Dios, lo he estado viviendo por más de diez años. Puedo identificarme con la historia de Sansón y su oración de dolor de manera muy personal. Ninguno de nosotros queremos que el dolor y el pesar nos toque. Sin embargo, puede ser desde esta clase de dolor de donde Dios dará a luz un *manantial del clamador*. Esta es mi historia.

Mary y yo habíamos visto a Dios bendecirnos abundantemente. Habíamos experimentado Su fidelidad y cuidado sobre nosotros. Luego entramos a un tiempo de unos tres años cuando todo comenzó a desmoronarse. Lo que quiero decir es que empezamos a ser atacados desde todo punto... finanzas, relaciones personales, reputaciones, mentiras acerca de nosotros, pero especialmente en cuanto a nuestros hijos. Tenemos seis hijos biológicos y todos fueron criados en un hogar cristiano. No hubo un doble estándar en nuestro hogar. Lo que éramos en público, lo éramos en privado. La razón que menciono esto es que a menudo la razón de la rebelión de los hijos es porque han sido testigos de un doble estándar. Observan a sus padres ser de una forma cuando el público está viendo y de una manera totalmente diferente detrás de puertas cerradas. Este no fue el caso en nuestro hogar, entonces y ahora. Sin embargo, nuestros hijos ya crecidos estaban tomando decisiones que nos dejaron sumamente consternados.

Una de las situaciones muy angustiantes era que nuestro hijo Adam, quien había sido un pastor de jóvenes exitoso junto con su esposa, había pasado por un divorcio. El resultado era que había quedado totalmente separado de su hijita de dos años. Esto no era debido a asuntos legales, sino porque su ahora exesposa no estaba permitiendo que la viera. El tribunal natural le había otorgado todos sus derechos de padre. Sin embargo, en su ira y amargura, la madre había decidido herir a Adam todo lo que fuera posible. Como resultado, Adam entró en una profunda depresión. Yo observé a Adam perder todo sentido de destino divino. Pasó de ser alguien que quería servir a Dios a alguien que se sentía totalmente inútil y descalificado para servir al Señor.

Tengo que decir aquí que en el día que Adam nació, el Señor me habló claramente. Adam había nacido a una hora muy temprano por la mañana. Un tiempo después por la tarde, mientras yo estaba sentado en una silla tratando de descansar, porque habíamos estado despiertos toda la noche, de repente la palabra del Señor me vino. Le escuché decir: "¡Cuán hermosos son los pies de los que anuncian las buenas nuevas!" Por supuesto, esto viene de Romanos 10:15.

> *¿Y cómo predicarán si no fueren enviados? Como está escrito: ¡Cuán hermosos son los pies de los que anuncian la paz, de los que anuncian buenas nuevas!* (RVR1960).

En ese momento, supe que este bebé recién nacido estaba destinado y era llamado por Dios a predicar las buenas nuevas del evangelio. Lo llevamos entonces al servicio de la iglesia al siguiente domingo para que lo dedicaran. Al levantarlo nuestro pastor apostólico, empezó a proclamar: "*Cuán hermosos son los pies de los que anuncian buenas nuevas".* Yo no le había dicho a nadie acerca de lo que yo había oído. Le pregunté a nuestro pastor apostólico después del servicio por qué había orado y dicho esto. Su respuesta fue: "Porque esto es lo que Dios dice acerca de él".

Yo había visto esta palabra cumplirse por dos décadas en la vida Adam. Había visto cómo Dios se había posesionado de su corazón. Lo observé al casarse, tener hijos, y llegar a ser exitoso en el ministerio. Ahora, sin embargo, todo se le había quitado y Adam estaba totalmente arruinado y desilusionado. Mi respuesta durante toda esta situación había sido orar. En aquel entonces, solo sabía cómo *guerrear* en el mundo espiritual. Toda mi perspectiva era que el ámbito espiritual era un campo de batalla. Así que había atado y desatado. Había abierto y cerrado. Había negado y prohibido y permitido. Sin embargo, durante un período de dos años nada había cambiado. De hecho, solo había empeorado. Adam estaba en un lugar de profunda depresión sin corazón alguno por el ministerio para lo cual había sido creado. Todos los días, yo iba a orar por la mañana y parte de mi tiempo constaba de guerrear por Adam. Pensaba que evidentemente no había hecho lo suficiente porque las cosas no estaban cambiando. Descubrí posteriormente que esto no era verdad. Esta es una mentira con la cual el enemigo a menudo nos atormenta. La verdad es que yo había sido muy fiel para orar y buscar el rostro de Dios por Adam. El problema no era que no había hecho suficiente. El problema era que no había hecho la *cosa correcta*.

Luego, de repente una mañana, fui a orar como era mi costumbre. Esta vez al comenzar a orar por Adam desde una mentalidad de campo de batalla una vez más, escuché al Señor decir: *"Lleva a*

*Adam a Mis Tribunales*". La verdad era que yo había comenzado a ver el concepto de los Tribunales del Cielo. Sin embargo, no me daba cuenta de su poder, ni había intentado operar en la idea. Así que, cuando el Señor me dijo esto, estaba inseguro en cuanto a cómo y qué hacer. Sabía, sin embargo, que si esta era la verdadera voz de Dios, Él me guiaría y ayudaría. Así que tomé un paso de fe y comencé. Yo había visto que el arrepentimiento era algo necesario delante de los Tribunales del Cielo. El diablo usa el pecado legalmente en nuestra contra. Yo sabía que cualquier reclamo que él tenía en contra de Adam para mantenerlo en esta depresión tenía que ser retirado legalmente. Como resultado, me arrepentí en nombre de Adam. La verdad es que yo ni siquiera sabía si esto estaba bien o no. Más tarde descubrí que 1 Juan 5:16 nos dice que podemos orar por los que tienen pecado en su vida.

*Si alguien ve a su hermano cometiendo un pecado que no lleva a la muerte, pedirá, y por él Dios dará vida a los que cometen pecado que no lleva a la muerte. Hay un pecado que lleva a la muerte ; yo no digo que se deba pedir por ese.*

Esto hace claro que Dios nos permitirá tratar con el pecado en el mundo espiritual en nombre de otro, si no es pecado que lleva a la muerte. El pecado de Adam no era una sentencia de muerte. Así que yo podía venir delante del Señor y representar a Adam en Sus Tribunales. Yo no sabía todo esto en aquel momento. Simplemente me estaba moviendo por fe. Comencé a arrepentirme en nombre de Adam por su pecado. Mi arrepentimiento no eliminó la necesidad de que Adam se arrepintiera. Sin embargo, al menos revocaba el derecho legal del diablo de usar su pecado en contra de él. Mi arrepentimiento en nombre de él era suficiente y le otorgaba a Dios la habilidad legal de revocar los reclamos de satanás. Comencé a orar una oración como esta.

Señor, traigo a Adam delante de Tus Tribunales. Al pararme aquí, me arrepiento en nombre de él por su fracaso como padre y esposo. Te pido que Tu sangre hable por Él. También me arrepiento por cualquier mentira que él haya creído acerca de sí mismo. Te pido que todas estas mentiras se deshagan. Te pido delante de Tus tribunales que cada falsedad que él está creyendo sea perdonada, en el nombre de Jesús.

Al terminar esta corta pero poderosa oración de unos cinco minutos, sentí un giro significante en el mundo espiritual o invisible. Esto era algo que yo no había sentido durante un período de dos años. Pensé que eso era todo lo que yo tenía que hacer. Me había arrepentido por el fracaso de Adam. Sin embargo, el Espíritu Santo entonces me dijo: "*Ahora, tú arrepiéntete*". Pensé: "¿*Yo qué he hecho?*". El Señor, lleno de gracia, me dijo: "*Debes arrepentirte por las palabras que has hablado en frustración en contra de Adam a su madre*". De repente supe que estas palabras de las cuales yo era culpable estaban siendo usadas por el diablo en los Tribunales del Cielo. Yo sabía que el diablo estaba usando mis palabras y diciendo delante de los Tribunales del Cielo: "*Incluso su padre dice esto acerca de él*". ¡Guau! Sentí convicción y vergüenza. De repente reconocí que yo era parte del problema. Comencé a arrepentirme en total sinceridad por todas las cosas negativas que yo había dicho en contra de él debido a las elecciones que había hecho y las decisiones que había tomado. El Señor me estaba permitiendo saber que estas palabras estaban siendo usadas en los Tribunales del Cielo en contra de Adam para mantenerlo en depresión y apartarlo de su destino. Comencé a orar:

Señor, me arrepiento por toda palabra que he hablado en contra de Adam. Pido que me perdone y que estas palabras sean anuladas. Pido que estas palabras sean retiradas y que no se permitan como evidencia contra Adam en Tus Tribunales. Señor, amo a mi hijo. Pido que esto se registre en los Tribunales. Permítele ser libre de todas las cosas negativas que yo he hablado en su contra. En el nombre de Jesús.

Esto también me tomó unos cinco minutos. Sentí un giro dinámico. Yo no sabía todo lo que estaba sucediendo, pero sabía que *algo se estaba moviendo*. Luego, con gran claridad oí al Señor decir: "*Ahora profetiza el destino de Adam*". Me daría cuenta después que el Señor me estaba guiando por un proceso de tratar con un asunto en los Tribunales del Cielo. Descubrí que yo estaba desbaratando un caso en contra de Adam, y que luego estaba presentando un caso en su nombre y a su favor. Por medio del arrepentimiento, yo estaba activando la sangre para que Él hablara a favor de él (ver Hebreos 12:24). Esto estaba causando que cualquier y todo caso contra Adam fuera retirado. Cuando el Señor me dijo que *profetizara* el destino de Adam, este era el acto de presentar un caso a favor de él o en su nombre. Tenemos que hacer ambos para ser efectivos en los Tribunales del Cielo. Conseguir que se retire un caso no es lo suficiente. También tenemos que presentar un caso. Aunque yo no conocía todo lo que estaba haciendo en el momento, Dios, a través de Su gracia, me estaba ayudando en mi debilidad. Esto es lo que Romanos 8:26 declara.

*De la misma manera, también el Espíritu nos ayuda en nuestra debilidad. No sabemos orar como debiéramos, pero el Espíritu mismo intercede por nosotros con gemidos indecibles.*

> Conseguir que se retire un caso no es suficiente. También tenemos que presentar un caso.

El Señor nos da poder en medio de nuestra debilidad en oración. Cuando no sabemos qué o cómo debemos orar, el Espíritu Santo nos ayuda. Esto era precisamente lo que el Señor estaba haciendo cuando yo intercedía en los tribunales por mi hijo. Según fui instruido, comencé a profetizar el destino de Adam. Comencé diciendo:

> Señor, al estar parado aquí en Tus Tribunales, declaro que Adam ha sido ordenado por Ti a anunciar las buenas nuevas del evangelio. Declaro que sus pies son hermosos y

gloriosos al correr con las buenas noticias de quien Tú eres y Tu salvación. Pido, en base a esta palabra profética, que causarás que el destino y propósito de Adam sean restaurados.

Mientras profetizaba según se me había mandado, de repente oí al Señor decir: "¡Reprende el espíritu de depresión ahora!" Así que dije:

Te reprendo, espíritu de depresión. Declaro que no tienes poder sobre mi hijo. ¡Digo que tus derechos son revocados y eres retirado ahora mismo en el nombre de Jesús!

Todo este proceso tomó quizás 15 minutos. Yo nunca había tenido un encuentro parecido a este. Ahora miro hacia atrás y me doy cuenta de que el Señor me llevó por un Encuentro en la Sala de Tribunales con Él. Yo había desecho y había visto descartarse el caso contra Adam. Yo había presentado un caso a su favor, y luego el Señor me permitió, desde los Tribunales del Cielo, rendir un juicio en contra del espíritu de depresión. Me levanté de mi lugar de oración y sentí fuertemente que algo había ocurrido. Una semana y media después, Adam me llamó. Contesté el teléfono, él dijo: "Papá, ¿puedo platicar contigo por un momento?"

—Claro —contesté. Él entonces me dijo,

—No sé que ocurrió, pero hace una semana y media, toda la depresión de repente se me fue. Quiero hacer la voluntad de Dios y quiero de nuevo mi destino y mi futuro.

Quedé asombrado. Yo entonces supe que en el momento exacto cuando yo había tratado con los derechos demoniacos contra Adam en los Tribunales del Cielo, habían sido anulados y descartados. Adam ahora era libre.

El final de esta historia es que Adam ahora está pastoreando su propia iglesia. Tomó un grupo de cinco y ahora casi tienen 300. Le están ofreciendo otras oportunidades en el grupo del cual forma parte debido al éxito que tiene. Él es muy parecido a José en el sentido de que están poniendo cosas bajo su cuidado debido a su habilidad de tener éxito. Esto lo encontramos en Génesis 39:2-4.

*Pero el Señor estaba con José, que llegó a ser un hombre próspero, y vivía en la casa de su amo el egipcio. Vio su amo que el Señor estaba con él y que el Señor hacía prosperar en su mano todo lo que él hacía. Así José halló gracia ante sus ojos y llegó a ser su siervo persona; y él lo hizo mayordomo sobre su casa y entregó en su mano todo lo que poseía.*

Él ha sido muy exitoso y ha visto a Dios restaurar familia, hijos, futuro y destino. Él dice que si quieres ver un ejemplo de los Tribunales del Cielo en operación, entonces puedes ver a él. El Señor tomó lo que estaba devastado y destruido y lo ha restaurado completamente. A mí me gusta hacer esta declaración: "Lo que no pude hacer en el campo de batalla por dos años, lo logré en los Tribunales del Cielo en 15 minutos". Esto es absolutamente cierto. ¡Tú también puedes esperar los mismos resultados!

Capítulo 5

# El monte del Señor

DESPUÉS de enseñar acerca de los *Tribunales del Cielo* por varios años, me di cuenta de que inadvertidamente había dejado la impresión de que los *Tribunales del Cielo* era un método de oración. Las personas estaban buscando usarlo como una fórmula para obtener respuesta a sus oraciones. Mientras yo lo enseñaba en cierto lugar, el Señor me dijo: "*Los Tribunales del Cielo no es un método de orar, sino una dimensión del Espíritu*". Cuando escuché esto, supe que tenía que empezar a cambiar la manera en que estaba expresando nuestra función y operación en los Tribunales. Me di cuenta de que por la mayor parte teníamos una perspectiva defectuosa de lo que sucede cuando tenemos un encuentro con Dios y Su presencia. Pensamos que Él viene a nosotros, cuando en realidad, nosotros vamos a donde Él está. Entramos al lugar donde Él funciona y opera. Según Hebreos 10:19-20, *entramos* a la presencia y el lugar santo del Espíritu.

*Entonces, hermanos, puesto que tenemos confianza para entrar al Lugar Santísimo por la sangre de Jesús, por un camino nuevo y vivo que Él inauguró para nosotros por medio del velo, es decir, Su carne.*

Lo que Jesús hizo por nosotros nos proveyó un camino nuevo y vivo para venir delante de Él y Su presencia. Esto nos muestra que no es Él quien viene a nosotros, sino más bien nosotros entramos a una dimensión espiritual y nos acercamos a Él. Es esto a lo que Jesús se refería en Juan 3:13 cuando está buscando instruir a Nicodemo acerca del nuevo nacimiento. Tradicional y erróneamente hemos pensado que Jesús estaba buscando educar a Nicodemo acerca del nuevo nacimiento para que él pudiera ir al cielo cuando muriera. Sin embargo, Jesús quería que Nicodemo supiera que cuando nacía en la dimensión espiritual, esto le daría acceso a la dimensión celestial *ahora*.

*Nadie ha subido al cielo, sino Aquel que bajó del cielo, es decir, el Hijo del Hombre que está en el cielo.*

Jesús, al referirse a sí mismo como el *Hijo del Hombre*, que significa que se estaba refiriendo a quién era en Su humanidad, dijo que Él tenía acceso al cielo ahora. Cuando la Biblia habla del *cielo*, muy a menudo no se está refiriendo al lugar a donde vamos cuando nos morimos. Está hablando de la esfera espiritual a la que podemos entrar ahora. Toma nota de que Jesús le está diciendo a Nicodemo que como un humano que está vivo en un cuerpo carnal, Jesús ascendía al cielo, bajaba del cielo, y aun está en el cielo ahora. Jesús estaba revelando que Él estaba viviendo en dos dimensiones a la misma vez. Estaba en la dimensión natural en Su ser físico pero simultáneamente en el mundo espiritual. Esta es la razón por qué Juan 5:19 declara que Jesús hacía lo que veía al Padre hacer. Estaba revelando que aunque Él estaba vivo en una existencia humana en la tierra, estaba funcionando en un lugar celestial donde Dios está como Su Padre.

> Cuando la Biblia habla del *cielo*, muy a menudo no se está refiriendo al lugar a donde vamos cuando nos morimos. Está hablando de la esfera espiritual a la que podemos entrar ahora.

*Por eso Jesús les decía: "En verdad les digo que el Hijo no puede hacer nada por su cuenta, sino lo que ve hacer al Padre; porque todo lo que hace el Padre, eso también hace el Hijo de igual manera".*

Este era el secreto de Jesús para lo sobrenatural. Él *veía* en el mundo espiritual y se ponía de acuerdo con lo que había visto desde el mundo natural. El resultado era que señales, maravillas y milagros ocurrían continuamente. Esto es a lo que nosotros somos llamados también. Esto es por qué Pablo dijo en Efesios 2:6 que estamos sentados en lugares celestiales donde Jesús está.

*Y con Él nos resucitó y con Él nos sentó en los lugares celestiales en Cristo Jesús.*

No es la intención que esto sea meramente una declaración teológica. Debe ser una experiencia espiritual. Sea cual sea nuestra función como humanos normales y naturales, debemos reconocer que tenemos un lugar exaltado en el mundo espiritual. Se nos ha dado acceso a una dimensión espiritual donde se hacen decisiones que alteran el curso de la historia en la tierra. Si podemos ver e imaginar este lugar donde estamos funcionalmente como creyentes del Nuevo Testamento, podemos cambiar vida en el planeta. Cuando nacimos nuevo, obtuvimos acceso a estas dimensiones invisibles. Fuimos reposicionados en estos lugares. Toma nota de que la Biblia de hecho dice que hay muchos lugares diferentes donde podemos entrar en el mundo invisible. Esto es a lo que se refería Jesús en Juan 14:2-3. Tradicional y religiosamente hemos pensado que Jesús estaba hablando del cielo y que Él venía de regreso para llevarnos allí. Eso no es lo que Jesús estaba revelando. Él hablaba de lo que ocurriría cuando el Espíritu Santo venía en el Día de Pentecostés.

*En la casa de Mi Padre hay muchas moradas; si no fuera así, se lo hubiera dicho; porque voy a preparar un lugar para ustedes. Y si me voy y les preparo un lugar, vendré otra vez y los tomaré adonde Yo voy; para que donde Yo esté, allí estén ustedes también.*

La *casa de Mi Padre* se refiere al lugar espiritual donde Dios habita. Por ejemplo, mi casa es donde yo vivo. A eso se refiere Casa de Mi Padre. Salomón habló de donde Dios habita al dedicar el templo en 1 Reyes 8:27.

*Pero, ¿morará verdaderamente Dios sobre la tierra? Si los cielos y los cielos de los cielos no te pueden contener, cuánto menos esta casa que yo he edificado.*

Salomón reconocía que los cielos de los cielos, que era un término que significaba el mundo espiritual invisible, no podía contener a Dios. Él era demasiado grande aun para allí. Sin embargo, donde Él vive en los lugares espirituales es Su Casa o la Casa del Padre. Toma nota de que Jesús dice que en esta Casa o dimensión hay muchas moradas; algo que en algunas versiones es traducida como mansiones. Se ha comunicado una idea muy errónea con respecto a este versículo. Muchos creyentes occidentales creen que Jesús está en algún lugar en la eternidad construyendo una mansión donde viviremos. Eso no es a lo que se refiere.

He viajado y enseñado en muchos lugares en la tierra y he hablado por medio de muchos traductores. Ellos han usado sus Biblias que están en sus propios idiomas. En otros lenguajes, por lo general este versículo no usa la palabra mansiones. Por lo general es traducido como *moradas, lugares o aposentos*. En otras palabras, Jesús no está diciendo que tendremos una mansión en el mundo que vendrá. Él estaba diciendo que la Casa del Padre, o las dimensiones espirituales donde Dios vive, tiene muchos aposentos y lugares a los cuales la sangre de Jesús nos ha dado acceso.

Jesús continúa y dice que *Él va a preparar un lugar para nosotros*. Esto es Jesús declarando que Su obra en la cruz abriría un camino para entrar a lugares espirituales a los cuales solo los profetas y sacerdotes tuvieron acceso en el Antiguo Testamento. Los creyentes del Nuevo Testamento ahora podrían entrar a lugares donde antes solo unos cuantos tenían el privilegio de entrar. Se nos concede entrada al *Lugar Santísimo* ahora, gracias a lo que Jesús hizo en la cruz a través de Su cuerpo y sangre. Sin embargo, Jesús no se queda allí. Él entonces declara que *Él vendrá otra vez y nos llevará a donde Él va*. Jesús no está hablando de venir otra vez

2.000 años después. Estaba hablando de Su venida en el Día de Pentecostés y el poder que se recibiría para vivir en las dos dimensiones a la misma vez. El Bautismo del Espíritu Santo nos enviste de poder para que podamos funcionar en estos lugares invisibles. De hecho, Jesús les había dicho en Juan 14:16-20 que sería Él quien vendría en la forma del Espíritu Santo.

*Entonces Yo rogaré al Padre, y Él les dará otro Consolador para que esté con ustedes para siempre; es decir, el Espíritu de verdad, a quien el mundo no puede recibir, porque ni lo ve ni lo conoce, pero ustedes sí lo conocen porque mora con ustedes y estará en ustedes. No los dejaré huérfanos; vendré a ustedes. Un poco más de tiempo y el mundo no me verá más, pero ustedes me verán; porque Yo vivo, ustedes también vivirán. En ese día conocerán que Yo estoy en Mi Padre, y ustedes en Mí y Yo en ustedes.*

Jesús declaró que Él vendría a ellos en la forma del Espíritu de Verdad. Luego les dijo que el mundo no lo vería pero ellos sí. Esto es porque el Espíritu Santo vendría y moraría en ellos. El Espíritu revelaría y daría a conocer quién es Jesús en toda Su gloria y Su esplendor. Todo esto es para decir que Jesús vino a los discípulos a través del Espíritu Santo para investirlos de poder para vivir en dos mundos a la misma vez. Él luego hace la declaración de que el propósito de todo esto es para que *donde Yo esté, allí estén ustedes también.* Toma nota de que Él no dice: "Yo vendré a donde ustedes están", sino más bien, *que donde yo esté, allí estén ustedes también.* De esta manera Jesús les hace saber que a través de todo lo que Él cumpliría y la investidura de poder del Espíritu Santo, ellos podrían vivir en las dimensiones espirituales mientras vivían en la tierra.

Esto les permitiría deshacerse de los límites de la vida vivida solo en la tierra. Tendrían la libertad de experimentar la gloria e impartirla a otros desde el mundo invisible al cual Él les daba acceso.

Es absolutamente esencial este entendimiento para funcionar en los *Tribunales del Cielo*. Esto es porque los *Tribunales del Cielos* es uno de los lugares espirituales a donde se nos ha concedido acceso. Es una dimensión de oración que nos permite funcionar en los Tribunales y hacer peticiones allí.

Tenemos en las Escrituras una imagen y descripción de esta dimensión. Hebreos 12:22-24 describe el lugar legal del mundo espiritual donde Dios está y a donde *se nos permite llegar*. Hemos mencionado esto previamente, pero quiero profundizarme más. Podemos obtener perspectiva valiosa en cuanto a la actividad que es parte de este lugar del espíritu.

*En cambio, ustedes han llegado al monte Sion, a la ciudad del Dios viviente, a la Jerusalén celestial, y a incontables miles de ángeles que se han reunido llenos de gozo. Ustedes han llegado a la congregación de los primogénitos de Dios, cuyos nombres están escritos en el cielo. Ustedes han llegado a Dios mismo, quien es el juez sobre todas las cosas. Ustedes han llegado a los espíritus de los justos, que están en el cielo y que ya han sido perfeccionados. Ustedes han llegado a Jesús, el mediador del nuevo pacto entre Dios y la gente, y también a la sangre rociada, que habla de perdón en lugar de clamar por venganza como la sangre de Abel.* (NTV)

El escritor del libro de los Hebreos hace una declaración asombrosa. Declara que hemos llegado a toda esta actividad que ocurre en el mundo espiritual que opera a nuestro favor. Previamente dijimos que todo esto se puede ver como actividad legal en un sistema judicial. Esto significa que esto es parte de lo que está ocurriendo en los Tribunales del Cielo. Cuando dice que hemos llegado a esto, está implicando que somos parte de esta actividad. Cuando nacimos de nuevo, fuimos reposicionados para funcionar en esta dimensión celestial. En otras palabras, no estamos tratando de llegar allí; ya estamos. Este es uno de los mayores errores que cometemos como creyentes del Nuevo Testamento. Continuamente estamos tratando de llegar a lugares donde ya hemos llegado. Esto significa que no comprendemos o totalmente apreciamos lo que Jesús ha hecho por nosotros por Su obra de expiación. Tenemos que aceptar por fe el lugar que se nos ha otorgado y empezar a funcionar allí. Esto es lo que Romanos 5:2 nos muestra.

> Cuando nacimos de nuevo, fuimos reposicionados para funcionar en esta dimensión celestial. En otras palabras, no estamos tratando de llegar allí; ya estamos.

*Por medio de quien también hemos obtenido entrada por la fe a esta gracia en la cual estamos firmes, y nos gloriamos en la esperanza de la gloria de Dios.*

Jesús y lo que Él ha hecho provee *acceso por la fe* a un lugar del espíritu donde ya estamos parados. Estamos *parados* en este lugar pero tenemos acceso a él por fe. Cuando se nos dice que hemos llegado a un lugar, tenemos que darnos cuenta de que requiere fe por nuestra parte para accederlo. Estamos allí, sin embargo, tenemos que ejercer fe y actividades asociadas con la fe para funcionar en este lugar. No estoy tratando de llegar a un lugar, sino que estoy buscando funcionar donde ya estoy. Así que permíteme mostrarte las actividades en el mundo espiritual asociadas con los Tribunales del Cielo. Esto es necesario porque una de las cosas principales que tenemos que hacer es estar de acuerdo con lo que está ocurriendo en el mundo espiritual. Nuestro acuerdo causa que lo que está ocurriendo en el lugar invisible se manifieste en nuestra dimensión visible. Esto de hecho es lo que la palabra *confiesa* implica. Romanos 10:9 es uno de varios lugares donde se usa la palabra *confiesa*.

*Que si confiesas con tu boca a Jesús por Señor, y crees en tu corazón que Dios lo resucitó de entre los muertos, serás salvo.*

La palabra *confiesa* es la palabra griega *homologeo*. Significa *decir lo mismo*. Sin embargo, se puede usar en una situación legal y significa *testimonio de acuerdo*. Cuando confesamos o damos testimonio de la tierra de acuerdo con el cielo, las cosas tienen poder para manifestarse. Nuevamente, esto es lo que Jesús hacía cuando *Él veía lo que el Padre hacía* y estaba de acuerdo con ello en la tierra. El cielo tenía libertad de venir a la tierra como un resultado. Necesitamos comprender lo que está pasando en el mundo invisible en los Tribunales del Cielo, para que podamos estar de acuerdo y dar testimonio que corrobora.

Lo primero que se nos dice es que hemos venido al monte Sion. El monte Sion es el lugar desde donde operan los Tribunales del Cielo. El monte Sion no es un lugar geográfico, es una dimensión espiritual. Esto significa que lo que hacemos en esta dimensión no solo afecta nuestras vidas personalmente, sino que puede tener un efecto cultural incluso en naciones. Nosotros como creyentes del Nuevo Testamento hemos quedado tan posicionados por Dios que nuestra actividad en los Tribunales del Cielo puede crear cambios y transformaciones culturales. Primero vemos esto en Ezequiel 28:14-16. En esta escritura, vemos una descripción de lucifer cuando era un ángel de alto nivel en el cielo. Nos da algo de perspectiva en cuanto a dónde estaba y cuál era su función.

*Tú, querubín protector de alas desplegadas,*
*Yo te puse allí.*
*Estabas en el santo monte de Dios,*
*Andabas en medio de las piedras de fuego.*
*Perfecto eras en tus caminos*
*Desde el día que fuiste creado*
*Hasta que la iniquidad se halló en ti.*
*A causa de la abundancia de tu comercio*
*Te llenaste de violencia,*
*Y pecaste;*
*Yo, pues, te he expulsado por profano*
*Del monte de Dios,*
*Y te he eliminado, querubín protector,*
*De en medio de las piedras de fuego.*

Toma nota de que lucifer estaba posicionado en el santo monte de Dios en medio de las piedras de fuego. Esta es una referencia a un lugar gubernamental de operación. Sabemos esto porque Isaías 2:2-3 nos dice que el monte de la casa del Señor estará como cabeza de todos los demás montes.

> *Acontecerá en los postreros días,*
> *Que el monte de la casa del Señor*
> *Será establecido como cabeza de los montes.*
> *Se alzará sobre los collados,*
> *Y confluirán a él todas las naciones. Vendrán muchos pueblos, y dirán:*
> *"Vengan, subamos al monte del Señor,*
> *A la casa del Dios de Jacob,*
> *Para que nos enseñe acerca de Sus caminos,*
> *Y andemos en Sus sendas".*
> *Porque de Sión saldrá la ley,*
> *Y de Jerusalén la palabra del Señor.*

La palabra *cabeza* es la palabra hebrea *roshe*. Se refiere a una *cabeza gubernamental*. El monte de la casa del Señor está establecido de tal manera por Dios que determina la atmósfera y el clima sobre todos los demás montes. Montes se refiere a aquello que es gubernamental en función. Esto significa que el ambiente propicio es creado para que las decisiones correctas se puedan hacer desde este lugar que afectarán y controlarán la cultura. Sabemos que *el monte de la Casa del Señor* es Sion porque el versículo 3 nos da este nombre. Porque *de Sion saldrá la ley*. Sion es uno de los nombres del santo monte de Dios. Recuerda que hemos *llegado al monte Sion* como creyentes del Nuevo Testamento. Dios nos ha establecido en este lugar para afectar y cambiar climas y atmósferas en las naciones de la tierra. Podemos ver esto todavía más a fondo en Isaías 56:7 donde nos dice que estamos funcionando desde este monte como Casa de oración.

*Yo los traeré a Mi santo monte,*
*Y los alegraré en Mi casa de oración.*
*Sus holocaustos y sus sacrificios serán aceptados sobre Mi altar;*
*Porque Mi casa será llamada casa de oración para todos los pueblos.*

Dios prometió llevarnos como Casa de Oración justo al lugar donde lucifer fue echado por su rebelión. Esta es la razón por qué satanás odia tanto a la iglesia que ora. Se nos ha dado acceso al lugar espiritual donde él antes funcionaba. Hemos sido establecidos por Dios para operar en el monte Sion desde un lugar gubernamental. A través de nuestra operación en los Tribunales del Cielo no solo podemos cambiar las cosas sobre nuestras vidas y familias, ¡sino sobre la cultura de naciones! Así que cuando hablamos del monte Sion, estamos hablando de una posición gubernamental en el mundo espiritual. Aquí está una escritura más que nos ayuda a sustanciar este pensamiento. El Salmo 110:1-2 nos dice que Dios gobernará sobre Sus enemigos desde Sion.

*Dice el Señor a mi Señor:*
*"Siéntate a Mi diestra,*
*Hasta que ponga a Tus enemigos por estrado de Tus pies".*
*El Señor extenderá desde Sión Tu poderoso cetro, diciendo:*
*"Domina en medio de Tus enemigos".*

Sion es un lugar donde el Señor ejecuta juicio en contra de todo lo que resista Su voluntad. Sion en este pasaje habla del lugar en el espíritu pero también de quienes ocupan este lugar. El Señor usará a Su pueblo desde este lugar gubernamental para establecer Su orden divino sobre la tierra. Qué llamado y posicionamiento más alto se nos ha otorgado. Veremos en los próximos capítulos ideas conectadas a lo que está en esta dimensión del Espíritu llamada un monte. Desde esta dimensión espiritual podemos ver culturas cambiadas en los Tribunales del Cielo. Lo que hacemos por medio del empoderamiento del Espíritu Santo en el *"monte del Señor"* le da al Señor el poder y el derecho de traer el cielo a la tierra a un nivel cultural. El resultado puede ser un retrato de la tierra que se parezca más al cielo que al infierno. Esta es la pasión de Dios y es nuestro honor ser parte del proceso que Dios utiliza.

# Capítulo 6

# NOVIA, ÁNGELES, Y ADORADORES

LA próxima cosa a donde hemos llegado y de la que formamos parte es *la ciudad del Dios vivo, la ciudad santa Jerusalén*. Esta es la *novia* de Cristo y también la *madre de todos nosotros*. Apocalipsis 21:9-20 revela a la esposa del Cordero como esta ciudad.

*Vino uno de los siete ángeles que tenían las siete copas llenas de las últimas siete plagas, y habló conmigo, diciendo: "Ven, te mostraré la novia, la esposa del Cordero". Entonces me llevó en el Espíritu a un monte grande y alto, y me mostró la ciudad santa, Jerusalén, que descendía del cielo, de Dios.*

El ángel le quería mostrar a Juan la esposa del Cordero. Posiblemente Juan esperaba ver a una mujer hermosa. Pero cuando fue revelada, era una ciudad que descendía del cielo. Sabemos que la esposa del Cordero es la iglesia. Así que la ciudad que se ve es el pueblo corporativo de Dios. La novia de Cristo y la santa Jerusalén son sinónimas. Habla de las diferentes funciones y operaciones de las mismas personas. Por un lado la esposa del Cordero es llamada a gran intimidad con el Señor y a gobernar con Él. Por el otro lado somos una ciudad en funciones que tiene el poder para extender el gobierno del Reino de Dios. Mateo 5:14 muestra a Jesús refiriéndose a Sus discípulos como una ciudad.

*Ustedes son la luz del mundo, como una ciudad en lo alto de una colina que no puede esconderse.* (NTV)

Una ciudad en lo alto de una colina es esta municipalidad o la *colina de Sion*. No debemos estar escondidos, ¡sino que debemos estar ejerciendo influencia en toda la tierra! Nosotros como el pueblo de Dios tenemos esta función. Y solo es desde nuestra intimidad sin límites con Jesús que nuestra función como la ciudad santa se realiza. Jesús de hecho advirtió a la iglesia de Éfeso acerca de perder su primer amor. Apocalipsis 2:2-5 muestra a Jesús precaviniendo a esta iglesia porque aunque ha hecho muchas cosas buenas, obviamente ha perdido la cosa más importante: una relación amorosa con su amante y esposo.

*Yo conozco tus obras, tu fatiga y tu perseverancia, y que no puedes soportar a los malos, y has sometido a prueba a los que se dicen ser apóstoles y no lo son, y los has hallado mentirosos. Tienes perseverancia, y has sufrido por Mi nombre y no has desmayado. Pero tengo esto contra ti: que has dejado tu primer amor. Recuerda, por tanto, de dónde has caído y arrepiéntete, y haz las obras que hiciste al principio. Si no, vendré a ti y quitaré tu candelabro de su lugar, si no te arrepientes.*

Es posible estar haciendo todas las cosas correctas pero estar desconectados con Aquel que nos ama y a quien nosotros hemos de amar más que todo. Jesús advirtió que este asunto era tan serio, que si no se corregía, causaría que la iglesia perdiera su autoridad. El candelabro sería quitado. Apocalipsis 1:20 nos dice que los candelabros son las iglesias.

> Es posible estar haciendo todas las cosas correctas pero estar desconectados con Aquel que nos ama y a quien hemos de amar más que todo.

*En cuanto al misterio de las siete estrellas que viste en Mi mano derecha y de los siete candelabros de oro: las siete estrellas son los ángeles de las siete iglesias, y los siete candelabros son las siete iglesias.*

Perder el candelabro significaría que dejaría de ser una iglesia según el estándar del cielo. La tierra todavía la llamaría una iglesia, pero el cielo no la reconocería. La autoridad que Dios pretendía que llevara esta iglesia se perdería y se negaría. La función de ser una ciudad a lo alto de una colina sería quitada porque la intimidad que se debía tener con el Señor se habría perdido. Es la intimidad con Jesús lo que nos convierte en una ciudad funcional asentada en una colina que no se puede esconder.

También se nos dice que esta santa Jerusalén es la madre de todos nosotros en Gálatas 4:26. Como la novia de Cristo, esta santa ciudad por medio de su unión con Él concibe y da a luz los propósitos de Dios.

*Pero la Jerusalén de arriba, la cual es madre de todos nosotros, es libre.* (RVC)

La Jerusalén de arriba que es libre está hablando al hecho de que hemos sido liberados de la esclavitud de la ley. Ya no buscamos agradar a Dios por medio de la obediencia a la ley, sino por andar en la libertad del Espíritu Santo. Romanos 8:13-15 nos da perspectiva en cuanto a cómo nos liberamos de la esclavitud y el temor del rechazo asociados con la ley.

*Porque si ustedes viven conforme a la carne, habrán de morir; pero si por el Espíritu hacen morir las obras de la carne, vivirán. Porque todos los que son guiados por el Espíritu de Dios, los tales son hijos de Dios. Pues ustedes no han recibido un espíritu de esclavitud para volver otra vez al temor, sino que han recibido un espíritu de adopción como hijos, por el cual clamamos: "¡Abba, Padre!".*

Al venir bajo los dictados y el poder del Espíritu Santo, Él nos fortalecerá para lidiar con las obras del cuerpo que están en contra de la voluntad de Dios. Los hacemos morir por medio del poder del Espíritu Santo. Hacemos esto, no por un sentido de lo que es bueno y malo según la ley, sino por la revelación del Espíritu Santo. Es a esto lo que se refiere ser guiados por el Espíritu. Desde una relación amorosa con Dios el Padre, cumplimos Su voluntad en un lugar de seguridad y confirmación de que somos Sus hijos. Es el Espíritu Santo quien da forma a Su naturaleza en nosotros y causa que anhelemos lo que Él anhela y odiemos lo que Él odia. Cuando la iglesia con esta revelación y conciencia entra en unión con el Señor, producimos las cosas correctas en la tierra. Por supuesto, la concepción, el embarazo y finalmente el dar a luz son todas cosas que califican a alguien para ser madre. Como la santa Jerusalén, nosotros hemos de estar trayendo a luz los propósitos del Señor en la tierra. Esto involucrará clamores intensos como las de una mujer en trabajo de parto, lo cual habla de oración, intercesión y suplicación delante del Señor. Esto significa que nosotros como el pueblo de Dios hemos de traer a luz el intento y el deseo del Señor por medio de ser Su vientre en la tierra. Los clamores intensos y la intercesión son una parte del funcionamiento de los Tribunales del Cielo. He observado cómo personas han entrado con gemidos profundos a los Tribunales del Cielo. Casi sin excepción, lo que han deseado se ha hecho. Esto es porque la intercesión de la iglesia./ciudad/esposa del Cordero está hablando en los Tribunales del Cielo delante de Su Trono.

Recuerdo una ocasión cuando un joven que no tendía a ceder a las emociones pidió entrar a los Tribunales del Cielo. Él estaba enfrentado la posibilidad muy real de pasar tiempo en la cárcel debido a una violación de su libertad condicional. Al ayudarle yo a entrar delante de los Tribunales del Trono y arrepentirse, fue dado a conocer que la violencia era una acusación en su contra. De repente y sorpresivamente, este joven comenzó a clamar intensamente, gemir y llorar en oración y arrepentimiento. Supe que el Señor le había concedido el arrepentimiento que permitiría que algo inimaginable ocurriera cuando se presentara delante del juez natural.

Yo estaba en la sala del tribunal el día que este joven se presentó delante del juez. Yo sabía lo que había ocurrido en el ámbito espiritual y me preguntaba cómo se daría en el tribunal natural. Mientras comenzaba a hablar el abogado del joven, el juez estaba mirando los papeles. El procurador pedía que el joven pasara diez días en la cárcel y que luego pagara las multas y que se le diera libertad condicional. Esto es lo que el joven y los abogados habían aceptado. Sin embargo, el juez leyó los documentos y escuchó el argumento que se estaba presentando y dijo: "Esto no me gusta. Esto es un castigo muy leve por lo que él ha hecho". Tal parecía que las cosas no iban bien para este joven. Yo me estaba preguntando qué había pasado mal. Yo estaba seguro de que las cosas iban a suceder de manera opuesta. De repente, el juez se detuvo y dijo: "Esto es lo que voy a hacer. Nada de tiempo de cárcel. Tu licencia para conducir queda restaurada. (La habían revocado.) Termina tu tiempo original de libertad condicional". Luego dijo el juez: "Regresa a casa a tu esposa, obtén tu educación, y si te vuelvo a ver en el tribunal otra vez, ¡ay de ti!".

El juez de hecho le mostró más misericordia de lo que se había pedido y lo dejó libre. Todo esto ocurrió porque el clamor intenso del joven habló en los Tribunales. El cielo pudo rendir un veredicto y una decisión que permitió que este joven tuviera libertad. La misericordia de Dios como Juez se manifestó en un tribunal natural. El joven y todos lo sabían. Incluso el abogado del joven quien había dicho que no quería que este juez en particular decidiera el caso quedó asombrado. Él había tenido miedo de que este juez no sería misericordioso. El abogado dijo que nunca había visto algo así suceder. Todo esto fue un resultado de los Tribunales del Cielo y los clamores intensos de la madre de todos nosotros delante del Señor para dar a luz Sus propósitos.

La siguiente actividad mencionada en esta dimensión espiritual es *miríadas de ángeles*. Hay mucha actividad angelical en la dimensión legal del Espíritu. Los veamos o no, están presentes. Nos dicen que los ángeles tienen muchas funciones. Sabemos según Hebreos 1:13-14 que son espíritus ministradores enviados a ministrar a quienes pertenecen a Dios.

*Pero, ¿a cuál de los ángeles jamás ha dicho Dios:*
*"Siéntate a Mi diestra*
*Hasta que ponga a Tus enemigos*
*Por estrado de Tus pies?".*
*¿No son todos ellos espíritus ministradores, enviados para servir por causa de los que heredarán la salvación?*

El Señor envía a Sus ángeles a ayudarnos en nuestra debilidad. Recuerda en Lucas 22:42-44 cuando Jesús se encontraba en el jardín antes de Su crucifixión cuando estaba luchando con todo lo que estaba a punto de suceder. Al entrar a un punto de aceptar la voluntad de Dios, llegaron ángeles y lo fortalecieron.

*Diciendo: "Padre, si es Tu voluntad, aparta de Mí esta copa; pero no se haga Mi voluntad, sino la Tuya". Entonces se apareció un ángel del cielo, que lo fortalecía. Y estando en agonía, oraba con mucho fervor; y Su sudor se volvió como gruesas gotas de sangre, que caían sobre la tierra.*

Toma nota de que pudo orar con más fervor. Tal parece que la presencia del ángel le dio a Jesús inspiración adicional y poder para orar. Lo que Jesús estaba a punto de hacer en la cruz y en la resurrección tenía primero que darse a luz en la esfera del espíritu. Por medio de Su lucha y con la ayuda angelical, Su asignación se cumplió. Los ángeles vienen a ayudarnos a cumplir la voluntad del Padre. Es claro que están aquí también para cumplir la voluntad del Señor. El Salmo 103:20-22 nos da perspectiva en cuanto a algunas de las cosas que los ángeles también hacen.

> Los ángeles vienen para ayudarnos a cumplir la voluntad del Padre.

*Bendigan al Señor, ustedes Sus ángeles,*
*Poderosos en fortaleza, que ejecutan Su mandato,*
*Obedeciendo la voz de Su palabra.*
*Bendigan al Señor, ustedes todos Sus ejércitos,*
*Que le sirven haciendo Su voluntad. Bendigan al Señor,*
*ustedes todas Sus obras,*
*En todos los lugares de Su dominio.*
*Bendice, alma mía, al Señor.*

Las palabras *ángeles, ejércitos* y *obras* se refieren a esta actividad angelical. La palabra *ángeles* significa *mensajero*. Es la palabra hebrea *malak*. La palabra *ejército* es la palabra hebrea *tsaba*. Significa una *masa de entidades organizada para la guerra; un ejército*. La palabra *obras* es la palabra hebrea *maaseh*. Significa una *acción, un producto*. Los ángeles son mensajeros que son enviados con información, instrucciones y órdenes que debemos cumplir. Esto sucedió con Felipe en el desierto. Hechos 8:26-27 revela a Felipe entrando a este lugar desierto porque un ángel lo había enviado.

*Un ángel del Señor le dijo a Felipe: "Levántate y ve hacia el sur, al camino que desciende de Jerusalén a Gaza". Este es un camino desierto. Él se levantó y fue. Y había un eunuco etíope, alto oficial de Candace, reina de los etíopes, el cual estaba encargado de todos sus tesoros, que había venido a Jerusalén para adorar.*

Felipe finalmente llevó a este hombre a la salvación. Este hombre tenía gran autoridad en el palacio de la Reina de Etiopía. Se ha dicho que gracias a la influencia de este hombre, todo el palacio y la corte real llegaron a conocer al Señor. Esto es porque un ángel llegó con Felipe con un mensaje. Los ángeles son mensajeros que nos son enviados por parte del Señor. Los ángeles en masa también forman un *ejército*. Son un ejército enviado a hacer guerra. Vemos donde Dios envió a Su ángel en contra de los ejércitos de Senaquerib. 2 Crónicas 32:19-21 muestra al Señor enviando a Su ángel para destruir a los líderes y al ejército que está atacando a Israel.

*Y hablaron del Dios de Jerusalén como de los dioses de los pueblos de la tierra, obra de manos de hombres. Pero el rey Ezequías y el profeta Isaías, hijo de Amoz, oraron sobre esto, y clamaron al cielo. El Señor envió un ángel que destruyó a todo guerrero valiente, comandante y capitán en el campamento del rey de Asiria. Así regresó avergonzado a su propia tierra. Y cuando entró al templo de su dios, algunos de sus propios hijos lo mataron allí a espada.*

A través de las oraciones del profeta y el rey, Dios envió a un guerrero angelical quien derrotó a un rey y su ejército aparentemente inconquistable. Este es el poder de los ejércitos del cielo. Nada puede resistirlos ni oponerse exitosamente a ellos.

La tercera palabra, *obra*, referente a la actividad angelical, habla de ángeles como los seres creados de Dios. Son Su producto y creación. También son enviados a realizar Sus actividades. Se nos dice que los ángeles, ejércitos y obras cumplen la voluntad del Señor. *Cumplen Su palabra. Obedecen Su voz. Hacen lo que a Él le agrada. Establecen Su dominio.* La esfera angelical es una dimensión muy activa e involucrada con los propósitos de Dios. Son apasionados en cuanto a cumplir Su voluntad.

Los ángeles también son enviados de los Tribunales del Cielo. Esta *miríada* de ángeles es el representante de los Tribunales. Esto ocurrió en los días de Zacarías cuando él estaba contendiendo por la reconstrucción del templo en Jerusalén. La construcción del templo se había paralizado. Había estado en esa situación por hasta 17 años. Había varias cosas que habían permitido esto, pero dos resaltan. Vemos un rollo que vuela que lleva juicios en contra de ladrones y mentirosos.

*Alcé de nuevo mis ojos y miré un rollo que volaba. Y el ángel me dijo:*

*"¿Qué ves?".*

*Y respondí: "Veo un rollo que vuela; su longitud es de 20 codos (9 metros) y su anchura de 10 codos (4.5 metros)".*

*Entonces me dijo: "Esta es la maldición que sale sobre la superficie de toda la tierra. Ciertamente todo el que roba será destruido según lo escrito en un lado, y todo el que jura será destruido según lo escrito en el otro lado. La haré salir", declara el Señor de los ejércitos, "y entrará en casa del ladrón y en casa del que jura por Mi nombre en falso; y pasará la noche dentro de su casa y la consumirá junto con sus maderas y sus piedras".*

El que está mostrando estas cosas a Zacarías es un ángel. En Zacarías 4:1 este ángel viene y despierta a Zacarías en un nuevo lugar en el mundo espiritual.

*Entonces el ángel que hablaba conmigo volvió, y me despertó como a un hombre que es despertado de su sueño.*

Este ángel está revelando muchas cosas al profeta Zacarías. Una de ellas es todo este juicio en contra de lo que está deteniendo la restauración de Dios. Debemos saber que muchas veces las personas experimentan un inicio de restauración. Sin embargo, parece detenerse. Esto puede ser porque algo en el mundo espiritual está concediendo un derecho espiritual al diablo de resistir la victoria completa que es deseada y necesitada. A través de los esfuerzos de Zacarías en los Tribunales del Cielo, y estoy seguro que de otros también, se rinde un veredicto. Los rollos que el ángel le estaba mostrando a Zacarías eran los veredictos, las decisiones y los juicios de Dios en contra de mentirosos y ladrones. Se estaba tratando con lo que estaba siendo utilizado para detener el proceso de restauración de Dios. Mentirosos y ladrones estaban deteniendo la recuperación del Señor. Recuerda las mentiras que detuvieron el proceso de construcción en el primer lugar. En Esdras 4:12-13, vemos a personas en contra de la restauración de Jerusalén y la reconstrucción del templo perjurando delante del rey Artajerjes. Convencen al rey que si se reconstruye Jerusalén, se rebelará en su contra.

> *Sepa el rey que los judíos que salieron por orden suya, han venido a nosotros en Jerusalén; están reedificando la ciudad rebelde y perversa, y están terminando las murallas y reparando los cimientos. Sepa también el rey, que si esa ciudad es reedificada y las murallas terminadas, ellos no pagarán tributo, ni impuesto, ni peaje, lo cual perjudicará los ingresos de los reyes.*

Basado en esta acusación, el rey emitió un decreto para parar la construcción de la ciudad. Esdras 4:21-24 muestra la respuesta del rey para detener la construcción de la ciudad. Las mentiras que contaron los que odiaban los propósitos de Dios causaron que el intento y el deseo del Señor fueran frustrados.

> *Ahora pues, proclamen un decreto para que estos hombres paren la obra y que esa ciudad no sea reedificada hasta que se proclame un decreto por mí. Cuídense de no ser negligentes*

*en cumplir este asunto; ¿por qué se ha de aumentar el daño en perjuicio de los reyes?".*

*Así que tan pronto como la copia del documento del rey Artajerjes fue leída delante de Rehum, del escriba Simsai y sus compañeros, fueron a toda prisa a Jerusalén, a los judíos, y por la fuerza los hicieron parar la obra. Entonces cesó la obra en la casa de Dios que estaba en Jerusalén, y quedó suspendida hasta el año segundo del reinado de Darío, rey de Persia.*

Esto es lo que Dios estaba enjuiciando cuando el veredicto de los rollos mostrado por el ángel fue dado a luz. Sin embargo, también hay un juicio en contra de ladrones. Esto era contra el pueblo de Dios que estaba usando los recursos destinados para construir el templo para construir su propia casa. Hageo también fue un profeta que profetizó durante este período de tiempo. En Hageo 1:2-7, vemos a este profeta confrontar al pueblo en cuanto al hecho de que ellos estaban viviendo con lujos mientras la casa de Dios estaba en ruinas.

*Así dice el Señor de los ejércitos:*

*"Este pueblo dice:*

*'No ha llegado el tiempo, el tiempo de que la casa del Señor sea reedificada'".*

*Entonces vino la palabra del Señor por medio del profeta Hageo:*

*"¿Es acaso tiempo para que ustedes habiten en sus casas artesonadas mientras esta casa está desolada?"*

*Ahora pues, así dice el Señor de los ejércitos:*

"*¡Consideren bien sus caminos!*
*Siembran mucho, pero recogen poco;*
*comen, pero no hay suficiente para que se sacien;*
*beben, pero no hay suficiente para que se embriaguen;*
*se visten, pero nadie se calienta;*
*y el que recibe salario, recibe salario en bolsa rota".*
*Así dice el Señor de los ejércitos: "¡Consideren bien sus caminos!"*

Ya para entonces la casa de Dios y su construcción han estado paralizados por bastante tiempo. La gente ha tomado la madera y el material que podría haber sido utilizado para construir la casa de Dios y han construido sus casas en su lugar. El profeta señala que el resultado de esto es la carencia, la necesidad y la insuficiencia. No están prosperando, simplemente están sobreviviendo. Esto es porque en esencia han *robado* y *malversado* los fondos que estaban designados para la casa de Dios. Se les amonesta, diciéndoles que *consideren sus caminos*. Parece que lo que el profeta Zacarías estaba viendo en relación con el rollo con juicios en un lado contra los perjuros y el juicio en el otro lado contra los ladrones implicaba estos asuntos. El ángel había venido a Zacarías a ayudar a traer el juicio de Dios contra lo que estaba deteniendo Su proceso. El rollo, sin embargo, era un rollo que volaba. Esto significa que aunque se había emitido y rendido un juicio desde los Tribunales del Cielo, todavía no había aterrizado en la tierra. Tal parece que el hecho de que el ángel lo revelara y que lo profético cooperara con esta esfera permitía el aterrizaje del rollo contra aquello que estaba resistiendo la restauración de Dios.

> Aunque se había emitido y rendido un juicio desde los Tribunales del Cielo, todavía no había aterrizado en la tierra.

Necesitamos esto hoy en día. Necesitamos percibir lo que lo angélico está desvelando. Necesitamos el despertar de lo angélico para percibir los juicios que hemos asegurado desde los Tribunales del Cielo contra lo que está impidiendo que la pasión de Dios se cumpla. Parece que una vez que lo profético percibe lo que nuestra actividad en las Cortes ha conseguido, los decretos y declaraciones pueden hacer que se promulguen y se pongan en marcha. Esto causará que cualquier cosa y todo lo que esté obrando en contra del deseo de Dios para nuestra vida interior o incluso una nación y cultura sea revocada y quitada. Aprendemos proféticamente a cooperar con lo angélico y su operación en y desde los Tribunales del Cielo.

También se nos dice que hemos llegado a la *asamblea general*. Este término traducido de la palabra hebrea *paneguris* significa una *reunión masiva* o un *compañerismo universal*. Esto habla de los adoradores que están en el Mar de Cristal en el cielo tal como se revela en Apocalipsis 15:2-4. Vemos a los adoradores sobre este lugar en el cielo donde están cantando el cántico de Moisés.

*Vi también como un mar de cristal mezclado con fuego, y a los que habían salido victoriosos sobre la bestia, sobre su imagen y sobre el número de su nombre, en pie sobre el mar de cristal, con arpas de Dios. Y cantaban el cántico de Moisés, siervo de Dios, y el cántico del Cordero, diciendo: "¡Grandes y maravillosas son Tus obras, oh Señor Dios, Todopoderoso!*
*¡Justos y verdaderos son Tus caminos, oh Rey de las naciones!*
*¡Oh Señor! ¿Quién no temerá y glorificará Tu nombre?*
*Pues solo Tú eres santo;*
*Porque todas las naciones vendrán*
*Y adorarán en Tu presencia,*
*Pues Tus justos juicios han sido revelados".*

También vemos este Mar de Cristal en Apocalipsis 4:6 donde los cuatro seres vivientes están adorando al Señor perpetuamente.

*Delante del trono había como un mar transparente semejante al cristal; y en medio del trono y alrededor del trono, cuatro seres vivientes llenos de ojos por delante y por detrás.*

Conectado a esta área están los 24 ancianos quienes también están adorando y clamando *digno es el Cordero* en Apocalipsis 4:9-11. Desde el Mar de Cristal hay adoración constante y continua.

*Y cada vez que los seres vivientes dan gloria, honor, y acción de gracias a Aquel que está sentado en el trono, al que vive por los siglos de los siglos, los veinticuatro ancianos se postran delante de Aquel que está sentado en el trono, y adoran a Aquel que vive por los siglos de los siglos, y echan sus coronas delante del trono, diciendo:*

*"Digno eres, Señor y Dios nuestro, de recibir la gloria y el honor y el poder, porque Tú creaste todas las cosas, y por Tu voluntad existen y fueron creadas".*

Al proceder esta adoración del Mar de Cristal y la asamblea general, resuena por toda la creación. Apocalipsis 5:11-14 muestra la adoración comenzando e impactando a toda la creación.

*Y miré, y oí la voz de muchos ángeles alrededor del trono, y de los seres vivientes, y de los ancianos; y su número era millones de millones,*

*que decían a gran voz: El Cordero que fue inmolado es digno de tomar el poder, las riquezas, la sabiduría, la fortaleza, la honra, la gloria y la alabanza.*

*Y a todo lo creado que está en el cielo, y sobre la tierra, y debajo de la tierra, y en el mar, y a todas las cosas que en ellos hay, oí decir: Al que está sentado en el trono, y al Cordero, sea la alabanza, la honra, la gloria y el poder, por los siglos de los siglos.*

*Los cuatro seres vivientes decían: Amén; y los veinticuatro ancianos se postraron sobre sus rostros y adoraron al que vive por los siglos de los siglos.*

Toma nota de que la adoración que originó en el Trono con ángeles, criaturas, ancianos y miríadas de miríadas y millares de millares llena el cielo y la tierra. La verdadera adoración siempre tiene su concepción en el cielo. Cuando adoramos en la tierra efectivamente, es porque estamos tocando la adoración del cielo. La adoración crea la atmósfera en la cual los Tribunales del Cielo operan. Es por eso que los cuatro seres vivientes y todos los demás adoran alrededor del Trono. El Trono es el lugar de la operación de la Sala de Tribunales. Se toman decisiones y rinden juicios. Nosotros, al adorar en la tierra con la adoración que nació en el cielo, podemos entrar a las dimensiones de los Tribunales. De hecho, estamos tratando de traer a la tierra la atmósfera y la operación de los tribunales. También estamos entrando a esta dimensión donde se toman decisiones que determinan qué sucede. Que cada uno de nosotros y todos lleguemos a ser adoradores del Rey y declaremos Su gloria desde el cielo.

> La verdadera adoración siempre tiene su concepción en el cielo. Cuando adoramos en la tierra eficazmente, es porque estamos tocando la adoración del cielo.

Capítulo 7

# Inscritos en el cielo

TAMBIÉN hemos llegado a la *iglesia de los primogénitos que están inscritos en los cielos*. La palabra *inscrito* es la palabra griega *apographo*. Significa *escribir; una copia o lista*. La iglesia que es reconocida en el cielo está compuesta de las personas cuyos nombres están escritos en el libro de vida del Cordero. El hecho de que estemos inscritos o que seamos reconocidos en el cielo nos da el derecho de pararnos como individuos y como pueblo corporativo en los Tribunales del Cielo. Así como en un Tribunal natural no puede simplemente cualquier persona llevar un caso para que se escuche, es igual en el cielo. Tenemos que ser un pueblo que es reconocido o inscrito. Jesús les dice a Sus discípulos en Lucas 10:19-20, cuando se están regocijando porque los demonios están sujetos a ellos, a regocijarse más bien porque sus nombres están inscritos en los cielos.

*Miren, les he dado autoridad para pisotear sobre serpientes y escorpiones, y sobre todo el poder del enemigo, y nada les hará daño. Sin embargo, no se regocijen en esto, de que los espíritus se les sometan, sino regocíjense de que sus nombres están escritos en los cielos".*

Tal parecería que su poder sobre los demonios, las serpientes, los escorpiones y todo el poder del enemigo era un resultado de tener sus nombres inscritos en el cielo. Esta credibilidad es lo que les daba esta autoridad. El cielo los reconocía. El hecho de que nosotros como la iglesia estamos inscritos en el cielo nos otorga derechos y privilegios para pararnos en los Tribunales del Cielo y presentar casos. Estos casos pueden ser para nosotros individualmente pero también para culturas y naciones. Jesús dijo que Su casa o iglesia era para ser una casa de oración. Cuando Él purificó el Templo en Mateo 21:12-13, proclamó que el propósito de Dios era que fuera casa de oración.

*Jesús entró en el templo y echó fuera a todos los que compraban y vendían en el templo. También volcó las mesas de los que cambiaban el dinero y los asientos de los que vendían las palomas. Y les dijo: "Escrito está, 'Mi casa será llamada casa de oración', pero ustedes la están haciendo cueva de ladrones".*

Esta es una referencia a Isaías 56:7 que vimos anteriormente, donde se nos dice que la casa de Dios será un lugar de oración para representar a todas las culturas delante de Él.

*Yo los traeré a Mi santo monte,*
*Y los alegraré en Mi casa de oración.*
*Sus holocaustos y sus sacrificios serán aceptados sobre Mi altar;*
*Porque Mi casa será llamada casa de oración para todos los pueblos.*

Toma nota de que esta casa es para orar por y representar a las naciones delante del Señor. Eso es lo que significa "*Porque Mi casa será llamada casa de oración para todos los pueblos*". En otras palabras, nosotros como la iglesia hemos de pararnos en los Tribunales del Cielo y traer a las culturas de la tierra delante del Señor. Estamos establecidos de tal manera como Su Iglesia que está escrita, inscrita y reconocida, que podemos cambiar el destino y el propósito de las naciones. Esto es lo que Dios estaba buscando cuando estuvo de acuerdo con Abraham de dejar a salvo a Sodoma y Gomorra si había diez justos en Génesis 18:32.

*Entonces Abraham dijo: "No se enoje ahora el Señor, y hablaré solo esta vez. Tal vez se hallen allí diez". "No la destruiré por consideración a los diez", respondió el Señor.*

Diez de hecho dentro de la cultura y ley judía era el número del *Biet Din*. Esto es hebreo para *Casa de Gobierno*. Estaba formada por tres jueces principales y siete menores. Cuando estos diez tomaban una decisión, se convertía en la ley de la tierra. Dios estaba de acuerdo con Abraham de que si había 10 que podían calificar como pueblo judicial, Él tendría el derecho legal de dejar a salvo toda la población de un pueblo perverso y malvado. Se le mostraría misericordia a una cultura porque había una casa de gente judicial que le otorgaba este derecho. Es interesante tomar nota de que en Isaías 56:7, donde la casa de Dios es una casa de oración, la palabra oración viene de la palabra raíz *palal*. ¡Significa *juez*! Nosotros como un pueblo judicial que estamos inscritos y escritos en el cielo hemos de funcionar judicialmente delante del Señor. Hemos de representar y presentar casos a favor de culturas para permitirle a Dios el derecho de que Su voluntad sea hecha.

El triste hecho es que sin una Casa de Oración o una iglesia de Los Primogénitos inscritos en el cielo, naciones serán enjuiciadas y aun destruidas. Esto es lo que le ocurrió a Sodoma y Gomorra. No se pudieron encontrar a diez justos, así que fue destruida y permanece hasta el día de hoy como el epitomo del juicio de Dios. Esto ocurrió no solo debido a la perversidad de la cultura, sino también por la ausencia de una iglesia inscrita en el cielo que pudiera representarlo delante del Señor. Esto es lo que ocurrió el 11 de septiembre de 2001 cuando los terroristas atacaron a los Estados Unidos de América. No me di cuenta de esto hasta diez años después en Noviembre del 2011. Después de haber estado enseñando acerca de los Tribunales del Cielo por un año, tuve un encuentro profético en un sueño. Soñé que la esposa de un líder apostólico muy conocido me envió su respuesta oficial en cuanto a lo sucedido ese 11 de septiembre. Recuerdo que en el sueño estaba escrito en el membrete de su ministerio. Sin embargo, al pie de la respuesta había una nota escrita a mano por ella. Ella había escrito lo que había visto que había permitido que este evento tan terrible ocurriera. Reveló que había visto que así como había cuatro seres vivientes ante el Trono de Dios clamando *Santo, Santo, Santo es el Dios Todopoderoso*, había cuatro contrapoderes demoniacos clamando *BOC negado, BOC negado, BOC negado*. Esto era lo que había permitido que Septiembre 11 y la terrible destrucción ocurriera.

Desperté del sueño. Me levanté y traté de resolver qué significaba BOC. Me preguntaba si era hebreo, griego o algún otro lenguaje. No podía encontrar nada. Busqué en Google BOC. Ante mi asombro, era un acrónimo. ¡Eran las siglas en inglés de Cuerpo de Cristo! Me di cuenta de que el Señor me estaba enseñando por qué se permitió que Septiembre 11 ocurriera. Lo demoniaco había desarrollado un caso en contra del Cuerpo de Cristo que no permitía que nuestras oraciones fueran efectivas. Literalmente les fue negado el derecho de hablar. Esto era porque en el 2001 la iglesia tenía muy poca unidad... si es que tenía. Éramos un montón de individuos que estábamos buscando nuestras propias bendiciones en vez de estar enfocados en el cumplimiento de los propósitos de Dios. Esto permitía al ámbito demoniaco, desde un nivel muy alto, presentar un caso en nuestra contra. A nuestras oraciones se les negó efectuar y hablar a favor de nuestra nación. El resultado fue la destrucción, pérdida de vida y devastación histórica. El 11 de septiembre no fue el juicio de Dios en el sentido de Su ira en contra de los Estados Unidos, ¡*fue la ausencia de la iglesia*! Nuestra ausencia como una Casa de Oración delante del Señor le dio a lo demoniaco un derecho de clamar por destrucción que no solo cambió a los Estados Unidos sino a las naciones del mundo. ¿Se podrían haber evitado los eventos del 11 de septiembre? ¡Absolutamente! Sin embargo, hubiera requerido una iglesia inscrita y anotada en el cielo que tenía el derecho de representar a su cultura delante del Señor.

Esto me lleva a otro punto muy importante que hay que entender en relación con la iglesia y los Tribunales del Cielo. Yo me preguntaba por qué Abraham, que era tan poderoso delante de Dios que pudo hacer que el Señor aceptara dejar a salvo a Sodoma y Gomorra por el bien de diez, ¿no simplemente le pidió a Dios directamente que lo dejara a salvo? Después de todo, el hecho de que era amigo de Dios le daba un lugar de gran influencia y poder con Dios. La respuesta a esta pregunta es sencilla. Abraham *no era de Sodoma y Gomorra ni era parte de él.* El principio es que una iglesia o ecclesia solo puede representar la cultura de la cual es parte. Recuerda que la palabra *iglesia* es la palabra griega *ecclesia.* Por supuesto, esto es lo que Jesús dijo que edificaría en Mateo 16:18.

El triste hecho es que sin una Casa de Oración o una iglesia de los Primogénitos inscritos en el cielo, naciones serán enjuiciadas y aun destruidas.

*Yo también te digo que tú eres Pedro, y sobre esta roca edificaré Mi iglesia; y las puertas del Hades no prevalecerán contra ella.*

Históricamente, la ecclesia era el grupo gubernamental/legislativo/judicial que se reunía en las puertas de una ciudad y tomaba decisiones concernientes a los asuntos de esa ciudad. Era un grupo pequeño pero poderoso que tomaba estas decisiones. Su operación de hecho determinaba la vida en esa ciudad. Esto es lo que Jesús dijo que edificaría. La ecclesia dentro de una cultura puede ser pequeña, sin embargo, tiene gran poder cuando es reconocida en el cielo. Desde la posición que se le ha otorgado, se toman decisiones judiciales para determinar la vida en esa ciudad. Abraham, por no ser parte de Sodoma y Gomorra, no podía legalmente obtener misericordia del Señor para la ciudad. Solo una ecclesia de allí mismo lo pudo haber hecho. Como resultado de que no había ecclesia allí, fue destruida.

Debemos tener iglesias que estás *inscritas* en el cielo: un pueblo corporativo formado de aquellos cuyos nombres están escritos en el cielo. Solo estos tienen el derecho de representar la cultura de la cual forman parte. He viajado por el mundo enseñando estos principios, mas no tengo el derecho de representar a culturas de las cuales no formo parte en los Tribunales del Cielo. Mi tarea ha sido buscar ayudar a fortalecer a la ecclesia de estas culturas con esta comprensión. Cuando adquieren estas ideas, llegan a tener el poder para pararse a favor de sus culturas y reclamarlas para el reino de Dios. Debemos tener la iglesia de los Primogénitos dentro de las culturas inscritos en el cielo para operar en los Tribunales del Cielo.

Esto me lleva a mi pensamiento final acerca de esta iglesia inscrita. Esta iglesia es llamada la iglesia de los Primogénitos. Esto significa que pertenece a Jesús y ha sido comprada solo por Su sangre, cuerpo y sacrificio. Nunca nos debemos olvidar de esto. Cualquier responsabilidad que tengamos en la iglesia es desde una posición de mayordomía. La iglesia ha sido comprada y pagada por el sacrificio de Jesús. Le pertenece a Él. Esto significa que solo Él tiene el derecho de decidir su apariencia, operación y misión. Él es la cabeza de la iglesia. Sin conciencia y compromiso a esto, nunca seremos la iglesia que pueda pararse delante del Señor y representar a naciones y cultura. Que el Señor nos dé gracia para operar como la iglesia comprada por Su sangre y Su inmenso sacrificio.

> Cualquier responsabilidad que tengamos en la iglesia es desde una posición de mayordomía. La iglesia ha sido comprada y pagada por el sacrificio de Jesús. Le pertenece a Él.

Señor, al entrar a Tus Tribunales, Te doy las gracias por que me permites pararme en el monte Sion, el santo monte de Dios. En este ámbito gubernamental, judicial y legislativo entramos a los Tribunales del Cielo. Desde este lugar te creemos por las decisiones judiciales que permitirán que se haga Tu voluntad en la tierra.

Al estar parados en el lugar santo, estamos de acuerdo con la ciudad del Dios vivo, el santo Jerusalén, la novia de Cristo. Venimos como Tu novia y la madre de todo lo que harás en la Tierra.

Al estar parados en este lugar contigo, que podamos operar en la autoridad que este lugar nos da. A través de nuestra adoración, concepción y alumbramiento, que Tu voluntad nazca.

Señor, estamos conscientes de la miríada de ángeles que están aquí y entre quienes estamos. Estamos de acuerdo con la presencia angelical y todo lo que se les comisione hacer desde Tus Tribunales. Permite que su empoderamiento venga a nosotros al estar nosotros parados en este lugar. Que puedan ellos ayudar nuestra insuficiencia y que seamos fortalecidos para ver cumplir Tus deseos.

Señor, estoy de acuerdo delante de Tu sistema judicial celestial con la asamblea general. Busco adorar y estar de acuerdo con el mismo cielo. Que nuestra adoración se origine en el cielo y no en la tierra. Pido que a través de nuestra adoración se cree la atmósfera que permita operar a los Tribunales del Cielo. Que nosotros, desde el lugar del cielo, nos paremos en los ámbitos de Tus tribunales como los creyentes comprados con sangre que dan honor y adoración a Tu Nombre. Que incluso nuestra adoración sea como testimonio delante de Ti que habla como incienso en Tus Tribunales.

Al estar parados delante de Ti como la iglesia que está inscrita y es reconocida, pedimos que podamos operar a favor de la cultura que esta ecclesia representa. Que la cultura cambie y entre en divino orden como un resultado de este pueblo que ha obtenido un lugar delante de Ti. Que el derecho de mostrar misericordia sea concedido porque hay una iglesia/ecclesia que puede presentar el caso. En le Nombre de Jesús, amén.

Capítulo 8

# El Anciano de Días

ANTE nuestro propósito de operar en el ámbito judicial del mundo espiritual, ayuda mucho reconocer la actividad en este lugar. Esto nos ayuda a activar nuestra fe y funcionar allí. Hemos visto en el capítulo previo cinco cosas que operan allí. Veremos cuatro más en este capítulo. La próxima definitivamente nos permite entender que el lugar del cual formamos parte es un lugar judicial. Se nos dice en Hebreos 12:23 que hemos venido a Dios, *juez de todos*. No revela al Señor como Salvador, Señor, o Libertador ni cualquier otro título por el cual lo podamos conocer. El escritor se refiere a Él como el Juez. Esto es interesante porque significa que estamos entrando a estos ámbitos y estamos llegando ante Él como el Juez de toda la tierra. Daniel 7:9-10 otra vez nos muestra cómo se ven los Tribunales del Cielo cuando están en operación.

*Seguí mirando*
*Hasta que se establecieron tronos,*
*Y el Anciano de Días se sentó.*
*Su vestidura era blanca como la nieve,*
*Y el cabello de Su cabeza como lana pura,*

*Su trono, llamas de fuego,*
*Y sus ruedas, fuego abrasador. Un río de fuego corría,*
*Saliendo de delante de Él.*
*Miles de millares le servían,*
*Y miríadas de miríadas estaban en pie delante de Él.*
*El tribunal se sentó,*
*Y se abrieron los libros.*

Toma nota de que El que está gobernando desde Su Trono es el Anciano de Días. La palabra *Anciano* en el hebreo significa *venerable*. Habla del hecho de que Él ha de ser honrado, adorado y estimado. Él es que el que ha sido, es y siempre será. Él es a quien venimos y ante quien nos presentamos. Apocalipsis 22:13 habla del lugar alto y sublime de quien Él es y, por lo tanto, el honor, el respeto y el temor que se le debe mostrar.

*Yo soy el Alfa y la Omega, el Primero y el Último, el Principio y el Fin.*

Desde este lugar Dios funciona como el Juez de Todos. Cuando nos acercamos a Él, tenemos que venir con asombro y reverencia y presentarnos como Sus súbditos delante de Sus Tribunales. Sin embargo, también somos Sus hijos e hijas, Sus elegidos. Como Jesús nos enseñó en Lucas 18:6-8, somos los escogidos de Dios. Tenemos un lugar favorecido en Sus Tribunales.

*El Señor dijo: "Escuchen lo que dijo el juez injusto. ¿Y no hará Dios justicia a Sus escogidos, que claman a Él día y noche? ¿Se tardará mucho en responderles? Les digo que pronto les hará justicia. No obstante, cuando el Hijo del Hombre venga, ¿hallará fe en la tierra?".*

La palabra *escogidos* es la palabra *eklektos*. Significa *seleccionar, ser un favorito, ser el escogido*. Al acercarnos a los Tribunales del Cielo delante del Anciano de Días, el Juez de Todos, tenemos que darnos cuenta de que ya somos favorecidos. No estoy tratando de adquirir favor. La sangre de Jesús ya me ha concedido este lugar como escogido de Dios. Somos aceptos en el Amado según Efesios 1:6 (RVR1960).

*Para alabanza de la gloria de su gracia, con la cual nos hizo aceptos en el Amado.*

La palabra *acepto* en el griego es *charitoo*. Significa *investir con honor especial*. Si realmente comprendiéramos la manera en que somos estimados y valorados, nos acercaríamos valientemente a los Tribunales del Cielo. Desde este lugar ofreceríamos nuestra petición delante del Juez de Todos quien está esperando que hagamos nuestra petición. Veremos más adelante que la sangre está hablando por nosotros y nos está concediendo acceso a estos lugares santos. Podemos venir y peticionar al Señor para ver que Sus justos juicios se rindan a favor de nosotros y concernientes a nosotros. Dios está esperando que tomemos nuestro lugar y que ofrezcamos evidencia y testimonio que permitan que los juicios de la cruz deshagan las obras de satanás. Lo que en realidad estamos haciendo en los Tribunales es establecer la obra terminada de la cruz. Estamos activando, implementando y ejecutando el veredicto del Calvario a un estado de operación completa. Nos estamos poniendo en total acuerdo con todo lo que Jesús realizó legalmente por su obra expiatoria.

> Lo que en realidad estamos haciendo en los Tribunales es establecer la obra terminada de la cruz.

La cruz fue la mayor transacción legal en toda la historia. Aniquiló a satanás y sus obras. Fue un veredicto que se rindió. Sin embargo, un veredicto no ejecutado no tiene ningún poder. Esto se puede manifestar por el ejemplo de un hombre joven que pasó por un divorcio. Había un decreto de divorcio establecido que le permitía ver a su hija regularmente. El decreto le permitía tenerla en días de fiesta alternos. En este año en particular, él la iba a tener en el día de fiesta estadounidense, el Día de Acción de Gracias, que ocurre en noviembre de cada año. Cuando llegó a la casa para recogerla, la mamá rehusó entregarla al papá. Rehusó permitir que su hijita de dos años fuera con su padre. El padre entonces llamó a la policía de esa localidad. Cuando la policía llegó, le informaron al papá que no quitaban a los hijos de un padre para dárselo al otro. El papá entonces preguntó a quién podía llamar para obligar a su exesposa a obedecer el decreto de divorcio. La respuesta lo dejó aturdido y asombrado.

Ellos contestaron: "No existe ninguna agencia que haga cumplir los decretos de divorcio". En otras palabras, no había manera de forzar a esta madre a obedecer el veredicto del Tribunal. Esto es exactamente lo que sucede con tanta frecuencia en el mundo espiritual. Jesús ha muerto en la cruz y ha establecido todo legalmente para la salvación, el perdón, la sanidad, prosperidad, liberación, vida familiar y todos los demás beneficios de la bondad de Dios. Sin embargo, es un hecho que muchos están viviendo muy por debajo del estándar de ese veredicto. La gente vive en perpetua condenación. Viven de trauma a trauma y drama a drama sin ninguna diferencia visible en su vida que la de un no-creyente. Los creyentes están enfermos, con muchos malestares, y mueren prematuramente. Viven con carencia, necesidad e incluso pobreza. El divorcio y la rotura familiar ocurren y los hijos son tomados cautivos por la rebelión, drogadicción y toda clase de atrocidades. La lista pudiera seguir. Todo esto está ocurriendo a pesar de lo que Jesús ha hecho legalmente por nosotros en la cruz. Esto es porque no ha habido nadie que ejecute y ponga en marcha la realidad del veredicto basado en las virtudes de la cruz. Nosotros como el pueblo de Dios somos los escogidos y tenemos favor delante del Señor para pararnos en Sus Tribunales. Nosotros como el pueblo corporativo de Dios somos la agencia o iglesia que tiene el derecho de peticionar a los Tribunales por todo lo que fue legalmente establecido para que sea funcional. La razón por qué vemos las travestías que hemos mencionado y muchas otras a pesar de lo que Jesús hizo y logró es porque no hay nadie que demande en los Tribunales que ejecute el veredicto para que se cumpla. ¡Tenemos que saber cómo venir delante de Dios como el Juez de Todos y presentar nuestro caso basado en la obra de Jesús y requerir que se cumpla el veredicto!

Esta actividad delante del Juez permitirá que se haga realidad toda la obra que Jesús hizo a nuestro favor. Podemos ver esto en cuanto a las maldiciones. Mi definición para maldiciones *es una fuerza espiritual enviada para sabotear el destino que Dios tiene para ti*. Las maldiciones solo pueden operar donde se ha descubierto que tienen derechos legales. Proverbios 26:2 nos dice que son como pájaros que tienen que encontrar un lugar donde aterrizar.

*Como el gorrión en su vagar y la golondrina en su vuelo,*
*Así la maldición no viene sin causa.*

Tiene que haber una causa que permita a una maldición operar en nuestra contra. Esto significa que el diablo ha descubierto algo legal que permite que esto ocurra. Para detener la maldición para que no nos destruya ni a nosotros ni nuestro futuro, tenemos que tratar con esta causa. Le puedes gritar y reclamar a la maldición, tratar de pararla por medio de la manipulación física y otros medios, pero simplemente te seguirá negando el derecho de tener éxito. Sin embargo, si se puede revocar y quitar el derecho legal que está detrás de ella, será parada. El éxito vendrá así como las bendiciones. Las buenas noticias son que Gálatas 3:13 nos dice que Jesús se hizo maldición por nosotros y llevó todas las maldiciones a la cruz.

*Cristo nos redimió de la maldición de la ley, habiéndose hecho maldición por nosotros, porque escrito está: "Maldito todo el que cuelga de un madero".*

Esta escritura parecería implicar que ahora somos libres de las maldiciones y todo relacionado con el resultado de no guardar la ley. Esto es absolutamente cierto. Desde un punto judicial, un veredicto se ha rendido. Este es el veredicto declarado de la cruz de Jesús. Sin embargo, en Apocalipsis 22:3 vemos que en el reino milenario de Cristo *ya no habrá más maldición.*

*Ya no habrá más maldición. El trono de Dios y del Cordero estará allí, y Sus siervos le servirán.*

¿Por qué estamos viendo que en el futuro reino de Dios ya no habrá más maldición? Yo pensaba que la maldición había terminado según Gálatas 3:13 cuando Jesús murió en la cruz. Así es desde la posición de un veredicto legalmente declarado. Sin embargo, Apocalipsis 22:3 es la ejecución total para que ese veredicto se cumpla. En la manifestación eterna del Reino de Dios ya no habrá más maldición porque la ejecución del veredicto rendido basado en las actividades de Jesús ya está totalmente en funciones. Hasta aquel tiempo cuando esto ocurrirá, tenemos que llevar lo que Jesús hizo a los Tribunales del Cielo y peticionar a Dios como Juez de Todos que permita que el veredicto se manifieste en la tierra y en nuestras vidas. Esta es nuestra tarea como el pueblo de Dios y Su iglesia. Al suceder esto, dejamos de ser un pueblo que dice que creemos cosas que no poseemos. Comenzamos a vivir en la realidad de todo aquello por lo cual Jesús murió para que lo tuviéramos. Tenemos que aprender a peticionar a los Tribunales en cuanto a estas cosas. Recuerda que según 2 Pedro 1:3 todo lo que necesitamos concerniente a la vida y la piedad ya se nos ha dado.

> Pues Su divino poder nos ha concedido todo cuanto concierne a la vida y a la piedad, mediante el verdadero conocimiento de Aquel que nos llamó por Su gloria y excelencia.

Llevamos esta realidad delante de los Tribunales del Cielo para que se manifieste en nuestras vidas. Luego nos escapamos de la travestía de ser un pueblo que dice que creemos cosas que nunca experimentamos. Podemos entrar a la manifestación de la cruz que opera en y a través de nosotros.

> **Llevamos esta realidad delante de los Tribunales del Cielo para que se manifieste en nuestras vidas. Luego nos escapamos de la travestía de ser un pueblo que dice que creemos cosas que nunca experimentamos.**

También podemos ver en Juan 16:7-22 uno de los propósitos principales de la venida del Espíritu Santo.

> Pero Yo les digo la verdad: les conviene que Yo me vaya; porque si no me voy, el Consolador no vendrá a ustedes;

*pero si me voy, se lo enviaré. Y cuando Él venga, convencerá al mundo de pecado, de justicia y de juicio; de pecado, porque no creen en Mí; de justicia, porque Yo voy al Padre y ustedes no me verán más; y de juicio, porque el príncipe de este mundo ha sido juzgado.*

Cuando el Espíritu Santo fue derramado sobre nosotros, Él vino para convencernos del pecado, la justicia y el juicio. Toma nota de que el pecado es uno de incredulidad. El Espíritu Santo está aquí para hacer guerra contra nuestra condición humana de incredulidad y traernos a la fe. También está aquí para manifestarnos la verdadera justicia. No quiere que vivamos como sin ley, pero tampoco quiere que estemos en el legalismo. Él nos ayudará a saber qué se requiere de nosotros y darnos el poder para hacerlo. También está aquí para convencernos del juicio. Toma nota de que esto se está haciendo porque el gobernante de este mundo, satanás, ha sido enjuiciado. A través del poder del Espíritu Santo, la revelación de la derrota del diablo es hecho real para nosotros. Reconocemos lo que Jesús realmente hizo en la cruz para destruir al diablo y sus obras. A través del empoderamiento del Espíritu Santo, podemos entonces acercarnos a los Tribunales del Cielo y ver que este veredicto se ejecute completamente para que se cumpla.

Una de las funciones principales del Espíritu de Dios es empoderarnos para operar en los Tribunales del Cielo para ver que el veredicto se implemente para que opere completamente contra los poderes de las tinieblas. Recuerda que el Espíritu Santo es el *Ayudador*. Esta es la palabra griega *parakletos*. Esta palabra significa *intercesor, defensor, ayudante legal*. El Espíritu del Señor está aquí para darnos consejo legal en cuanto a cómo peticionar a los Tribunales del Cielo y presentar las obras de Jesús en la cruz como la evidencia principal para las decisiones que se rinden. Hacemos esto delante de Dios quien es Juez de Todos. Él nos da la bienvenida a Sus Tribunales para que nos paremos allí y que a través de la sabiduría, el consejo y el conocimiento del Espíritu Santo, presentemos casos delante de Él. La obra de Su Hijo a favor nuestro hablará y todo aquello por lo cual Él murió se manifestará para nosotros. ¡Aleluya! ¡Grande es el Señor y digno de ser alabado!

Capítulo 9

# LA NUBE DE TESTIGOS Y EL MEDIADOR

CONTINUAMOS con nuestra búsqueda de estar de acuerdo con todo lo que se está moviendo y que es activo en esta dimensión, por lo que debemos estar conscientes de la *gran nube de testigos*. Hebreos 12:23, dice que estos están en el mismo ámbito del Espíritu al que ahora hemos entrado.

*A la asamblea general e iglesia de los primogénitos que están inscritos en los cielos, y a Dios, el Juez de todos, y a los espíritus de los justos hechos ya perfectos.*

El término *los espíritus de los justos hechos ya perfectos* es una referencia a la gran nube de testigos. Este término se encuentra en Hebreos 12:1-2.

*Por tanto, puesto que tenemos en derredor nuestro tan gran nube de testigos, despojémonos también de todo peso y del pecado que tan fácilmente nos envuelve, y corramos con paciencia la carrera que tenemos por delante, puestos los ojos en Jesús, el autor y consumador de la fe, quien por el gozo puesto delante de Él soportó la cruz, despreciando la vergüenza, y se ha sentado a la diestra del trono de Dios.*

La gran nube de testigos son aquellos que han muerto y han pasado a la gloria en el cielo. A los que vivieron una vida de sacrificio delante del Señor se les otorga un lugar en el cielo como una parte de esta compañía llamada la gran nube de testigos. Se nos dice que hemos venido a ellos. En otras palabras, ellos no vienen necesariamente a donde nosotros estamos; nosotros venimos a donde ellos están. Entramos a un ámbito espiritual, y en este ámbito ellos son una parte de la actividad de esta dimensión. Hay varias cosas que debemos conocer acerca de este grupo que está operando en los Tribunales del Cielo. En primer lugar, ellos son quienes vivieron y funcionaron por fe mientras estuvieron en el mundo natural. Hebreos 11:39 nos dice que ellos, por fe, obtuvieron aprobación.

*Y todos estos, habiendo obtenido aprobación por su fe, no recibieron la promesa.*

Haber *obtenido aprobación* significa que el cielo los estima. Han conseguido un lugar de autoridad en los Tribunales del Cielo. Se toma en cuenta su testimonio allí porque vivieron una vida de fe que causó que fueran justificados y declarados justos. Tienen un estatus en el cielo que les permite peticionar a los Tribunales. La palabra *testigos* representa dos ideas diferentes en el griego. Es la palabra *martus*. Significa *ser judicial* y *dar testimonio*. También significa ser un *mártir*. Esto significa que su autoridad para testificar y ser escuchados en los Tribunales es porque dieron sus vidas para cumplir la voluntad de Dios. La autoridad delante de los Tribunales del Cielo es concedida cuando rendimos nuestras vidas para que se haga Su voluntad. Esto no significa que tenemos que morir físicamente por Jesús, pero sí significa que tenemos que escoger Su voluntad por encima de nuestros propios deseos. Basado en esta definición y descripción, *no toda persona que es creyente y va al cielo forma parte de este grupo*. Dice en 1 Corintios 3:15 que algunos son salvos como a través del fuego. No dieron sus vidas. Sin embargo, sí confesaron a Jesús como el Mesías. No tendrán una recompensa en el cielo porque se habrá consumido por fuego. Sin embargo, serán salvos.

> La autoridad delante de los Tribunales del Cielo es concedida cuando rendimos nuestras vidas para que se haga Su voluntad.

*Si la obra de alguien es consumida por el fuego, sufrirá pérdida; sin embargo, él será salvo, aunque así como a través del fuego.*

Esto significa que vivieron su vida terrenal haciendo su propia voluntad en vez de aquello por lo cual Dios los creó. Por la misericordia y gracia del Señor son salvos, pero no hay ninguna compensación en la próxima vida. Esto significa que no calificaron para ser parte de la gran nube de testigos. Este es un grupo élite a quien se le da gran poder debido a la vida que vivieron en acorde a los propósitos de Dios. Así que, cuando dan testimonio en los Tribunales del Cielo, desde un lugar legal y judicial, se les escucha. Como con todos los demás aspectos de este ámbito, hemos de estar de acuerdo con ellos. Esto no significa que tengamos encuentros con ellos, aunque es posible. Significa que estamos de acuerdo por fe con quiénes son y lo que entendemos que están haciendo en ese lugar celestial. Muchas veces la intercesión en la que nos encontramos es porque estamos percibiendo lo que ellos están haciendo en ese momento delante del Señor. Como testigos delante del Señor, ellos están dando testimonio/intercesión allí. Efesios 3:14-15 dice que la iglesia en la tierra y los que están en el cielo siguen conectados.

*Por esta causa, pues, doblo mis rodillas ante el Padre de nuestro Señor Jesucristo, de quien recibe nombre toda familia en el cielo y en la tierra.*

Los santos que están en la tierra y los que están en el cielo son una parte de la misma familia/iglesia. Estamos vitalmente conectados. Así que, hay ocasiones cuando la intercesión en la que ellos se están moviendo nos empodera a nosotros. Percibimos la pasión de sus corazones y empezamos a movernos en ella también. Apocalipsis 6:9-11 verifica que los que están en el cielo siguen orando e intercediendo.

## La nube de testigos y el Mediador

*Cuando el Cordero abrió el quinto sello, vi debajo del altar las almas de los que habían sido muertos a causa de la palabra de Dios y del testimonio que habían mantenido. Clamaban a gran voz: "¿Hasta cuándo, oh Señor santo y verdadero, esperarás para juzgar y vengar nuestra sangre de los que moran en la tierra?". Y se les dio a cada uno de ellos una vestidura blanca, y se les dijo que descansaran un poco más de tiempo, hasta que se completara también el número de sus consiervos y de sus hermanos que habrían de ser muertos como ellos lo habían sido.*

Aunque ellos están en el ámbito celestial, están esperando su recompensa máxima pero siguen clamando al Señor para que juicios vengan de Su Trono. Hay una oración por parte de los que están el en cielo. Esto es lo que están haciendo como testigos. Su intercesión es testimonio judicial delante del Señor como Juez. También vemos que ellos son los que han sido hechos perfectos. Son *los espíritus de los justos ya perfectos*. Entre otras cosas, esto significa que ahora están en unión perfecta con el Señor. Romanos 8:17 nos dice que como coherederos seremos glorificados con Él.

*Y si somos hijos, somos también herederos; herederos de Dios y coherederos con Cristo, si en verdad padecemos con Él a fin de que también seamos glorificados con Él.*

A la nube de testigos se les permite el privilegio de participar de Su ministerio actual de intercesión con Él. La nube de testigos puede ahora orar oraciones perfectas de acuerdo con las peticiones actuales de Jesús como el Intercesor. Parecería que los que están en el cielo y que son parte de este grupo se les da el honor y la función de estar de acuerdo con la intercesión de Jesús. Nosotros también podemos estar de acuerdo con su intercesión. En muchas ocasiones en mi tiempo de oración, oro algo como esto: "Señor, estoy de acuerdo con aquello que la gran nube de testigos está hablando concerniente a mí. Pido que yo sea recordado delante de Ti según lo que la gran nube de testigos hable a mi favor". Puede que yo no sepa todo lo que estén diciendo, pero por fe me estoy poniendo de acuerdo con su testimonio en cuanto a mí.

Por ejemplo, hace unos pocos años tuve un sueño donde Ruth Ward Heflin apareció desde la nube de testigos. Para los que no saben quién fue ella en esta vida, ella fue una poderosa ministra que se movía en la gloria de Dios. Muchos la consideran la madre del movimiento de la gloria. Yo personalmente nunca estuve en una reunión, escuché una enseñanza o leí un libro de ella. Solo la conocí desde una distancia. No había ninguna razón en lo natural para que soñara con ella. En mi sueño ella había venido a profetizar sobre mí. Cuando llegué a donde ella estaba, había quienes estaban tratando de interactuar con ella. Sin embargo, ella se apartaba. Cuando yo entré a la habitación, ella se manifestó totalmente y se reveló. Yo *sabía* en el sueño que había algo acerca de mí que le agradaba a la nube de testigos. Les digo a la gente en broma que posiblemente no tenga muchos amigos en la tierra pero que sí tengo algunos en el cielo. Al acercarme a donde ella estaba, ella vino a profetizar sobre mí. Al hablar, alguien la interrumpió y preguntó: "*¿Pero qué de nosotros?*" Ellos estaban pidiendo una profecía también. Ruth se detuvo y con una mirada seria en su rostro dijo: "*Ahora le toca a Robert*". Yo sabía lo que ella estaba diciendo. "A él lo han dejado fuera, han peleado contra él, lo han abusado, y no le han hecho caso, pero ahora el cielo declara que es su hora".

Desde entonces y en adelante, nuevas oportunidades empezaron a darse. Puertas previamente cerradas se abrieron. Se me dio favor. Nuevos privilegios se extendieron. Esto ocurre hasta el día de hoy. Como un resultado de este encuentro, empecé a orar y estar de acuerdo con su profecía/testimonio a mi favor. Comencé a decir delante del Señor: *"Tu sierva Ruth Ward Heflin ha declarado en Tus Tribunales que ahora me toca a mí. Yo pido en base a su testimonio que yo sea recordado y que puertas nuevas e inimaginables de favor y oportunidad me sean abiertas"*. A través de esto me puse de acuerdo y me conecté con el ministerio de la nube de testigos a mi favor delante de los Tribunales del Cielo. Favor de tomar nota que no oré ni oro a ellos como santos. Simplemente reconozco su actividad y le pido al Señor que se nueva en mi favor en base a ello. Ellos están parados y son tomados en cuenta en la presencia del Señor. Están funcionando como una parte del Consejo del Cielo. Debemos aprender a estar de acuerdo con ellos y asociarnos con ellos como parte de la familia de Dios.

También hemos venido a Jesús *como el mediador del nuevo pacto*. Esto es según Hebreos 12:24.

*Ya Jesús, el mediador del nuevo pacto, y a la sangre rociada que habla mejor que la sangre de Abel.*

Los términos *mediador* y *pacto* son términos legales. La palabra *mediador* es la palabra griega *mesites*. Significa *intermediario, intercesor, reconciliador*. La palabra *pacto* tiene que ver con las promesas irrefutables que Dios nos ha hecho. Son las actividades del pasado y presente de Jesús que crean este pacto y nos empoderan para experimentar los beneficios del mismo. Con mucha frecuencia hablamos de lo que Jesús hizo por nosotros en la cruz. Esto de hecho es muy importante. Es lo que permitió que el veredicto y la decisión se rindiera en contra del diablo y a favor nuestro. Sin embargo, el ministerio actual de Jesús es muy importante también. Sin sus actividades actuales a nuestro favor, no podríamos entrar a aquello por lo cual Él murió para que tuviéramos. Tendríamos las promesas provistas por Su muerte y el Nuevo Pacto pero no podríamos accederlos. Como nuestro Mediador, Él está facilitando la actividad espiritual necesaria que nos permite ser funcionalmente empoderados por lo que Él ha hecho.

> Como nuestro Mediador, Él está facilitando la actividad espiritual necesaria que nos permite ser funcionalmente empoderados por lo que Él ha hecho.

Yo creo que toda intercesión efectiva se inicia con el Señor en el cielo. Apocalipsis 19:10 muestra que Jesús está testificando delante de los Tribunales del Cielo.

*Entonces caí a sus pies para adorarlo. Y me dijo: "No hagas eso. Yo soy consiervo tuyo y de tus hermanos que poseen el testimonio de Jesús; adora a Dios. El testimonio de Jesús es el espíritu de la profecía".*

Al encontrarse Juan con un ser celestial, cae a sus pies para adorarlo debido al peso de gloria que está llevando. Este ser celestial le dice que no lo haga por tres razones. Él es un *consiervo de Juan*. Esto significaría que tiene forma humana. También dice que es consiervo *de tus hermanos*. Los ángeles no son nuestros hermanos. Son totalmente de una dimensión y composición diferente. Esto también significaría que el que está hablando con Juan está en forma humana. Tercero, *tiene el testimonio de Jesús*. Los ángeles no tienen el testimonio de Jesús como regla general. Esta es la razón por qué, cuando el ángel llegó a casa de Cornelio en Hechos 10:3-6, le dijo que enviara por Pedro.

*Como a la hora novena, vio claramente en una visión a un ángel de Dios que entraba a donde él estaba y le decía: "Cornelio".*

*Mirándolo fijamente y atemorizado, Cornelio dijo: "¿Qué quieres, Señor?".*

*Y el ángel le dijo: "Tus oraciones y limosnas han ascendido como memorial delante de Dios. Envía ahora algunos hombres a Jope, y manda traer a un hombre llamado Simón, que también se llama Pedro. Este se hospeda con un curtidor llamado Simón, cuya casa está junto al mar".*

¿Por qué el ángel no simplemente le habló a Cornelio y a su casa de Jesús y del Evangelio? No podía porque no llevaba el testimonio de Jesús. 1 Pedro 1:12 dice que los ángeles anhelan mirar la salvación que se le ha concedido al hombre. Sin embargo, no pueden.

> *A ellos les fue revelado que no se servían a sí mismos, sino a ustedes, en estas cosas que ahora les han sido anunciadas mediante los que les predicaron el evangelio por el Espíritu Santo enviado del cielo; cosas a las cuales los ángeles anhelan mirar.*

Los ángeles que cayeron de su lugar de residencia no tienen camino a la redención. Esto es porque Jesús vino como la semilla de Abraham y fue hecho como el primer hombre Adán. No vino como un ángel. Así pues, no hay un lugar de arrepentimiento para seres angelicales que escogieron ir con lucifer en la gran rebelión en el cielo. Están sellados en su condena. Judas 6 nos dice que a los ángeles que formaron parte de esta rebelión se les tiene asignados un destino seguro.

> *Y a los ángeles que no conservaron su señorío original, sino que abandonaron su morada legítima, los ha guardado en prisiones eternas bajo tinieblas, para el juicio del gran día.*

Esto es porque son incapaces de la salvación. No tienen el testimonio de Jesús. Estos tres hechos significarían que el ser que estaba ayudando a Juan no era un ángel. Esto deja solo una alternativa. Este era alguien de la gran nube de testigos. Él tenía la asignación por parte del Señor de ayudar a Juan a comprender lo que estaba sucediendo.

Así que, ¿qué es el *testimonio de Jesús*? Yo creo que se trata de la salvación que la obra de Jesús nos ha comprado. Sin embargo, la frase dice que es el *testimonio de Jesús*, no el testimonio *acerca de Jesús*. El testimonio de Jesús hablaría de aquello de lo cual Jesús

Mismo actualmente está testificando. Como nuestro Intercesor, Jesús está dando testimonio delante de los Tribunales del Cielo. Recuerda que la nube de testigos está orando. Es claro que la actividad de oración en los Tribunales del Cielo es considerada un testimonio delante de Dios. La oración y la intercesión son un testimonio se está estableciendo. El testimonio de Jesús es la intercesión a favor de nosotros. Hebreos 7:25 claramente declara que Jesús vive perpetuamente para interceder por nosotros.

*Por lo cual Él también es poderoso para salvar para siempre a los que por medio de Él se acercan a Dios, puesto que vive perpetuamente para interceder por ellos.*

Como el Mediador, Jesús está intercediendo para que seamos *salvos para siempre*. En otras palabras, Jesús está contendiendo para que heredemos todo lo que Su sacrificio nos ha concedido. Su oración como nuestro Mediador nos permite poseer todo por lo cual Jesús legalmente pagó.

Toma nota también de que el testimonio de Jesús es el *espíritu de profecía*. Nuevamente, yo aceptaría que cualquier don profético verdadero dará énfasis a quien Jesús es, Su voluntad y Su deseo. Sin embargo, si vemos al *testimonio de Jesús* como Su intercesión actual a nuestro favor, entonces el *espíritu de profecía* también puede tratar de ideas adicionales. El *espíritu de profecía* entonces se puede ver como una *unción profética* desde la cual empezamos a funcionar. Lo que Jesús esté testificando en los Tribunales del Cielo a través de Su intercesión se convierte en una *unción profética* en el corazón y el espíritu de Sus intercesores. Esto es lo que se nos dice en Romanos 8:26-27. El Espíritu Santo da poder a nuestras oraciones.

*De la misma manera, también el Espíritu nos ayuda en nuestra debilidad. No sabemos orar como debiéramos, pero el Espíritu mismo intercede por nosotros con gemidos indecibles. Y Aquel que escudriña los corazones sabe cuál es el sentir del Espíritu, porque Él intercede por los santos conforme a la voluntad de Dios.*

El Espíritu Santo en nosotros hace intercesión de acuerdo con la voluntad de Dios. En otras palaras, el Espíritu toma la intercesión actual de Jesús y hace que sea una unción profética o el espíritu de profecía desde el cual estamos orando. Esto nos permite tener la gloriosa porción de ser una parte del ministerio intercesor de Jesús hoy. Esta es toda la actividad de Jesús como el Mediador. Con sus oraciones Él nos está llevando a y presentando terreno legal para nuestra victoria completa. Debemos pedirle al Señor que el espíritu de profecía tome lo que Jesús está haciendo actualmente y nos permita estar de acuerdo con ello. Estamos de acuerdo con Su testimonio actual a nuestro favor.

Capítulo 10

# La sangre que habla

La última cosa hablada aquí es *la sangre que habla mejor que la sangre de Abel*. Para obtener la medida total de lo que la sangre de Jesús que habla hace por nosotros, tenemos que ver lo que produjo la sangre de Abel. Génesis 4:9-12 muestra que cuando Caín mató a Abel, la sangre de Abel clamó.

> *Entonces el Señor dijo a Caín: "¿Dónde está tu hermano Abel?".*
>
> *Y él respondió: "No sé. ¿Soy yo acaso guardián de mi hermano?".*
>
> *Y el Señor le dijo: "¿Qué has hecho? La voz de la sangre de tu hermano clama a Mí desde la tierra. Ahora pues, maldito eres de la tierra, que ha abierto su boca para recibir de tu mano la sangre de tu hermano. Cuando cultives el suelo, no te dará más su vigor. Vagabundo y errante serás en la tierra".*

Toma nota de que Dios está consciente de que Caín mató a Abel porque la sangre de Abel está clamando. Esto significa que la sangre de Abel estaba dando testimonio en contra de Caín.

Estaba pidiendo retribución y juicio sobre Caín. En base a lo que la sangre de Abel estaba diciendo, Dios puso sentencia sobre Caín. Sería un vagabundo y fugitivo. Por el otro lado, la Palabra dice que *la sangre rociada de Jesús habla mejor*. La sangre de Jesús clama por nuestro perdón, nuestra clemencia, redención y salvación. La sangre de Jesús no está pidiendo vindicación. Su sangre está pidiendo que seamos perdonados y que se nos dé un futuro. La sangre está hablando cosas mejores. Toma nota también de que la sangre *está hablando*... no dice que habló. Esto significa que no solo son perdonados nuestros pecados pasados, sino que cualquier cosa que hagamos ahora, podemos apropiarnos de esta sangre y estar de acuerdo con su voz. Al arrepentirnos, estamos de acuerdo con esta sangre y su voz. El arrepentimiento es esencial para estar de acuerdo con la sangre. 1 Juan 1:6-7 muestra que tenemos que traer las cosas a la luz. Esto significa que salimos de las tinieblas por medio del arrepentimiento.

*Si decimos que tenemos comunión con Él, pero andamos en tinieblas, mentimos y no practicamos la verdad. Pero si andamos en la Luz, como Él está en la Luz, tenemos comunión los unos con los otros, y la sangre de Jesús Su Hijo nos limpia de todo pecado.*

Toma nota de que solo al andar en la luz, así como Él está en la luz, es cuando la sangre limpia y sigue limpiándonos del pecado. Andar en la luz no significa una vida perfecta. Andar en la luz significa una vida honesta. En otras palabras, traigo las cosas escondidas a la luz por medio de la confesión y el arrepentimiento. Esto es principalmente delante del Señor, pero puede involucrar a personas en ciertas situaciones. Cuando confieso y me arrepiento, he salido de las tinieblas y he entrado a la luz. La sangre está ahora hablando por mí y limpiándome de todo pecado. He aprovechado aquello que está hablando a mi favor y concediendo a Dios el derecho legal de perdonarme. El corazón de Dios siempre ha sido perdonar; simplemente necesitaba el derecho legal para hacerlo. Cuando salimos de las tinieblas y entramos a la luz, la sangre que habla ahora testifica por nosotros. Ahora se puede desatar la pasión de Dios concerniente a nosotros.

> Cuando salimos de las tinieblas y entramos a la luz, la sangre que habla ahora testifica por nosotros. Ahora se puede desatar la pasión de Dios concerniente a nosotros.

La sangre de Jesús es una de las voces, si no la principal, con la que debemos saber cómo ponernos de acuerdo en los Tribunales. Cuando sabemos cómo usar la sangre, podemos silenciar las voces que están hablando en contra de nosotros. Isaías 54:17 dice que las armas que se han formado contra nosotros no pueden prosperar si podemos silenciar las voces.

*Ningún arma forjada contra ti prosperará,*
*Y condenarás toda lengua que se alce contra ti en juicio.*

> *Esta es la herencia de los siervos del Señor,*
> *Y su justificación procede de Mí", declara el Señor.*

Toma nota de que las armas no pueden prosperar o ser efectivas contra nosotros porque la lengua que las está controlando está condenada. Un arma puede ser una maldición que está operando en contra de nuestras vidas. El problema real no es el arma o la maldición. El verdadero problema es lo que le está permitiendo. Cualquier arma que desee destruirnos tiene que haber encontrado un derecho legal desde donde operar. Este derecho siempre es una lengua o voz que habla contra nosotros. He encontrado que no tengo que preocuparme necesariamente por el arma tanto como por la voz que está hablando en mi contra, dándole derecho legal. Apocalipsis 12:10-11 da percepción muy importante en cuanto a esto. Nos habla acerca del *acusador de nuestros hermanos*.

> *Entonces oí una gran voz en el cielo, que decía: "Ahora ha venido la salvación, el poder y el reino de nuestro Dios y la autoridad de Su Cristo, porque el acusador de nuestros hermanos, el que los acusa delante de nuestro Dios día y noche, ha sido arrojado. Ellos lo vencieron por medio de la sangre del Cordero y por la palabra del testimonio de ellos, y no amaron sus vidas, llegando hasta sufrir la muerte".*

La palabra *acusador* es la palabra griega *katagoros*. Significa *alguien que trae una queja legal y se opone a ti en la asamblea*. Esta no es una persona en lo natural que está enojada contigo, hablando cosas malas. Esto se refiere al diablo y sus fuerzas que están formulando informes malvados y declarándolos perpetuamente ante los Tribunales del Cielo. Estos son testimonios diseñados a resistir a ti y el propósito que Dios ha destinado para ti. Derivamos nuestra palabra *categorizar* de esta palabra *katagoros*. El diablo por medio de su ataque persistente en tu contra busca ponerte en una caja no hecha por Dios. Las limitaciones en tu vida no vienen del Señor. Esto es por qué tantas personas sienten que no pueden entrar al destino y el futuro para los cuales Dios los creó. Hay tantas *voces* que hablan en contra de ti que tienes que ser silenciado y condenado. Las mismas voces tienen que ser juzgadas como ilegales e injustas ¡y lo que reclaman tiene que ser renunciado! Cuando esto ocurre, la caja o categoría a la que has sido asignado por lo satánico es rota y quedas libre.

Dos de las cosas principales que el acusador busca hacer es darle forma a la manera en que te ves a ti mismo y también la forma en que otros te ven. Ambas te mantendrán apartado del destino que Dios ha ordenado para ti. Si te ves de forma insuficiente entonces no estarás motivado a ir por las alturas para las cuales fuiste creado. Si otros te ven incorrectamente no te extenderán el favor y la oportunidad que necesitas para alcanzar los lugares para los cuales fuiste creado. El diablo usa voces ante los Tribunales del Cielo no solo para crear estos conceptos en nuestras mentes, sino también en las mentes de otros. Esta es la razón por qué nos pueden enseñar perpetuamente acerca de la identidad y quién somos en Cristo, pero nunca lo captamos debidamente. Si hay un constante flujo de acusaciones en tu contra, independientemente de una enseñanza, te sentirás así acerca de ti mismo. Debes saber cómo tomar la sangre de Cristo y vencer por medio de estar de acuerdo con Su voz y no la voz del acusador.

Lo mismo se aplica en cuanto a cómo otros te ven. Debemos saber cómo llevar la sangre de Jesús a los Tribunales del Cielo y silenciar las voces de los acusadores que están tratando de causar que otros crean cosas erróneas. Cuando nos arrepentimos de todo lo que el diablo puede haber usado para darle forma a estas ideas y luego pedimos que la sangre hable en los Tribunales, el acusador pierde su derecho de hablar estas cosas en nuestra contra. Nuestras mentes quedan libres de vergüenza, culpabilidad, sentido de falta de valor y rechazo. Quedamos libres para creer las cosas correctas acerca de nosotros mismos. Las mentes de otros pueden quedar libres también, y puertas y oportunidades pueden abrirse que habían estado cerradas hasta ahora. Todo esto es porque la sangre de Jesús está hablando mejor que la de Abel. Estamos aprendiendo a estar de acuerdo con la actividad a la cual se nos ha dado entrada. Somos una parte de este lugar y tenemos un derecho divino de estar parados en los sistemas judiciales del cielo y ver que se concedan derechos legales para que los propósitos de Dios se cumplan. Qué honor y lugar más maravilloso se nos ha dado a nosotros los santos de Dios.

> Debes saber cómo tomar la sangre de Cristo y vencer por medio de estar de acuerdo con Su voz y no la voz del acusador.

Señor, venimos ante ti como Dios, Juez de todos. Gracias porque eres el Anciano de Días. Te honramos y adoramos desde este lugar. ¿Nos permites presentar testimonio y evidencia que causará que se rindan decisiones y que victorias vengan? Concédenos gracia, que podamos pararnos delante de Ti en el favor que se nos ha dado por la sangre de Tu Hijo.

Al estar parados aquí, estamos conscientes de la gran nube de testigos que está en este lugar. Escogemos colaborar con ellos como una parte de la iglesia en el cielo y en la tierra. Que nuestra colaboración permita que la voluntad de Dios sea hecha. Estamos de acuerdo con su testimonio delante de Ti; que seamos recordados y que se rindan decisiones a nuestro favor.

Gracias, Señor, que Tú eres el Mediador del Nuevo Pacto. Gracias que todo lo que has hecho y estás haciendo nos está dando el derecho legal de poseer todo por lo cual has muerto. Estamos de acuerdo con Tu testimonio/intercesión a través del poder del Espíritu Santo. Que podamos establecer evidencia ante los Tribunales del Cielo para ver que todo aquello por lo cual te sacrificaste sea realizado.

Estamos de acuerdo con la sangre rociada que habla mejor que la de Abel. Su sangre clamó por juicio. Tu sangre clama por perdón, redención, y la redención de futuros. Señor, nos arrepentimos y entramos a la luz así como Tú eres la luz. Que toda voz que esté reclamando un derecho en contra de nosotros ahora sea silenciada en el nombre de Jesús. ¡Amén!

Capítulo 11

# Campo de batalla o sala del tribunal

A medida que comenzaba a obtener un vislumbre y una revelación de los Tribunales del Cielo, empecé a comprender por qué yo había pasado por tantos ataques. Parecía que entre más oraba y desafiaba al diablo a soltar aquello a lo que se estaba aferrando, lo peor se ponían las cosas. Llamamos esto contraataque. Al empezar a ver los Tribunales del Cielo, reconocí que yo inadvertidamente había estado desafiando poderes demoniacos que todavía reclamaban derechos legales. Comencé a ver que la manera en que Jesús contendía con el diablo y sus fuerzas era primero en la sala del tribunal y luego el campo de batalla. Por supuesto, yo nunca había escuchado de esto antes, pero lo vi en Apocalipsis 19:11.

> *Vi el cielo abierto, y apareció un caballo blanco. El que lo montaba se llama Fiel y Verdadero. Con justicia juzga y hace la guerra.*

Toma nota de que Jesús es el que está montado en el caballo y está juzgando y haciendo guerra. Empecé a darme cuenta de que "juzgar" se refiere a la actividad judicial mientras que "hacer guerra" se refiere al campo de batalla. Ni siquiera Jesús se marcha al campo de batalla hasta que primero haya estado en la sala del tribunal. Por años, yo había practicado lo que se me había enseñado. Yo había funcionado en atar y desatar y gritarle al diablo y decirle lo que no le era permitido hacer. Había visto muy poco resultado, pero había sufrido bastante contraataque en contra de mí y mi familia. De repente me di cuenta de que si ataco algo que todavía tiene un derecho legal para operar, esto es lo que ocurre. Sin embargo, puedo llevar el poder de las tinieblas a los tribunales y pedir un juicio en su contra y lograr que los derechos que está reclamando sean revocados. Y luego puedo ir al campo de batalla y ganar cada vez. Toda mi manera de contender en el mundo espiritual comenzó a cambiar. Empecé a darme cuenta de que si había algo que no parecía moverse o que no había una respuesta cuando oraba, probablemente era porque algo legal tenía un reclamo. Vemos que esto es cómo Dios dirigió a Gedeón cuando lo llamó para derrotar a los madianitas. Jueces 6:16 es una crónica de cuando Gedeón es llamado y comisionado a derrotar a los madianitas que estaban asediando a Israel.

*Pero el Señor le dijo: "Ciertamente Yo estaré contigo, y derrotarás a Madián como a un solo hombre".*

Los madianitas venían y devastaban las cosechas de Israel. Jueces 6:1-7 muestra la angustia que estaba sufriendo Israel a causa de este acoso. El pueblo había quedado empobrecido, maltratado y desconcertado por la situación.

*Entonces los israelitas hicieron lo malo ante los ojos del Señor, y el Señor los entregó en manos de Madián por siete años. Y el poder de Madián prevaleció sobre Israel. Por causa de los madianitas, los israelitas se hicieron escondites en las montañas y en las cavernas y en los lugares fortificados.*

*Porque sucedía que cuando los hijos de Israel sembraban, los madianitas venían con los amalecitas y los hijos del oriente y subían contra ellos. Acampaban frente a ellos y destruían el producto de la tierra hasta Gaza, y no dejaban sustento alguno en Israel, ni oveja, ni buey, ni asno. Porque subían con su ganado y sus tiendas, y entraban como langostas en multitud. Tanto ellos como sus camellos eran innumerables, y entraban en la tierra para devastarla. Así fue empobrecido Israel en gran manera por causa de Madián, y los israelitas clamaron al Señor. Cuando los israelitas clamaron al Señor a causa de Madián.*

Todo esto surgió porque los israelitas habían hecho lo malo delante del Señor. Esto le dio al diablo el derecho legal de prevalecer sobre el pueblo y robarles su cosecha. El pueblo clamó a Dios. En esta situación, Dios habló y envió a Gedeón para que fuera el liberador. Sin embargo, antes de que pudiera liberar a Israel, él tenía que hacer una cosa estratégica que era de naturaleza legal. Tenía que derribar el altar a Baal del cual su padre probablemente era el sacerdote. Jueces 6:25-32 muestra esta historia y lo que transcurrió.

*Aquella misma noche el Señor le dijo: "Toma el novillo de tu padre y otro novillo de siete años. Derriba el altar de Baal que pertenece a tu padre y corta la Asera que está junto a él.*

*Edifica después, en debida forma, un altar al Señor tu Dios sobre la cumbre de este peñasco. Toma el segundo novillo y ofrece holocausto con la leña de la Asera que has cortado". Gedeón tomó diez hombres de sus siervos e hizo como el Señor le había dicho. Pero como temía mucho a la casa de su padre y a los hombres de la ciudad para hacer esto de día, lo hizo de noche.*

*Cuando los hombres de la ciudad se levantaron temprano en la mañana, vieron que el altar de Baal había sido derribado y cortada la Asera que estaba junto a él, y que el segundo novillo había sido ofrecido en el altar que se había edificado. Y se dijeron unos a otros: "¿Quién ha hecho esto?". Y cuando buscaron e investigaron, dijeron: "Gedeón, hijo de Joás, ha hecho esto". Entonces los hombres de la ciudad dijeron a Joás: "Saca a tu hijo para que muera, porque ha derribado el altar de Baal, y también ha cortado la Asera que estaba a su lado".*

*Pero Joás dijo a todos los que estaban contra él: "¿Lucharán ustedes por Baal, o lo librarán? A cualquiera que luche por él, se le dará muerte antes de llegar la mañana. Si es un dios, que luche por sí mismo, porque alguien ha derribado su altar". Por tanto, aquel día Gedeón fue llamado Jerobaal, es decir, que Baal luche contra él, porque había derribado su altar."*

Antes de que Gedeón pudiera marchar al campo de batalla con la estrategia de Dios para derrotar a los madianitas, tenía que derribar este altar. Baal era uno de los dioses de Madián. Era imposible que Gedeón fuera al campo de batalla y ganara mientras que su casa mostrara lealtad a Baal. El principio es, nunca puedes derribar lo que te posee. Este altar que su padre cuidada daba poder a lo demoniaco. Daba los derechos demoniacos en contra de Gedeón y la casa de su padre. Se tenía que quitar el altar, silenciar a los sacrificios, y cerrar la puerta a lo demoniaco para que Madián ya no tuviera poder contra Gedeón e Israel. Sus dioses no podían ayudarles a derrotar a un Israel que ya no poseían.

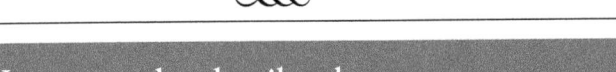

> Nunca puedes derribar lo que te posee.

Gedeón y algunos de sus compañeros obedecieron y derribaron el altar. Esto rompió el reclamo legal de lo demoniaco sobre Israel. Cuando todos se despertaron al siguiente día y concluyeron lo que había ocurrido, estaban enfurecidos contra Gedeón. Su padre, sin embargo, lo defendió. Esto es significante, porque como el sacerdote de este altar, este hombre hubiera tenido lealtad imperecedera hacia Baal. Sin embargo, cuando el altar fue destruido, su mente quedó libre de la influencia de Baal. Así que en vez de ponerse de parte del pueblo, él ahora defendió a su hijo. Cuando los poderes de las tinieblas son derribados y sus derechos legales son revocados, las mentes de las personas quedan libres. Esto es lo que necesitamos ver para que salvaciones masivas ocurran en la cultura. 2 Corintios 4:3-4 desvela para nosotros que la razón por qué las personas rechazan las buenas nuevas del evangelio es porque los poderes de las tinieblas han cegado su entendimiento.

*Y si todavía nuestro evangelio está velado, par los que se pierden está velado, en los cuales el dios de este mundo ha cegado el entendimiento de los incrédulos, para que no vean el resplandor del evangelio de la gloria de Cristo, que es la imagen de Dios.*

El dios de este mundo no puede operar a menos que exista un derecho legal que él está reclamando. Puede ser un pecado en la historia de una nación por el cual la ecclesia/necesita arrepentirse. A nivel familiar, puede ser la iniquidad y el pecado en la historia de la familia que está permitiendo al dios de este mundo reclamarlos para sí. Alguien de la familia tiene que entrar a los Tribunales del Cielo y deshacer el reclamo legal que los tiene atrapados. Una vez que se haya revocado legalmente, las mentes de las personas quedan libres para responder a las buenas nuevas de quién es Jesús y lo que ha hecho. El problema es que satanás tiene un derecho legal de reclamar las mentes. Si hemos de ver que estas mentes se liberen, se tiene que revocar el derecho legal que satanás tiene.

Esto es lo que ocurrió cuando el altar de Baal fue derribado. El resultado fue que Gedeón entonces marchó al campo de batalla y derrotó al enemigo. Fueron derrotados y su poder sobre Israel fue roto. Antes de que fueran al campo de batalla, sin embargo, el derecho legal que se estaba usando tuvo que ser anulado, revocado y renunciado. Esto es lo que le permitió a Gedeón y al ejército ganar una gran victoria según Jueces 7:17-21. Siguieron la estrategia del Señor en la batalla y ganaron porque se había quitado la defensa de Madián en los Tribunales del Cielo.

*"Mírenme", les dijo, "y hagan lo mismo que yo. Y cuando yo llegue a las afueras del campamento, como yo haga, así harán ustedes. Cuando yo y todos los que estén conmigo toquemos la trompeta, entonces también ustedes tocarán las trompetas alrededor de todo el campamento, y digan: 'Por el Señor y por Gedeón'".*

*Gedeón llegó con los 100 hombres que estaban con él a las afueras del campamento, al principio de la guardia de medianoche, cuando apenas habían apostado la guardia. Entonces tocaron las trompetas y rompieron los cántaros que tenían en las manos. Cuando las tres compañías tocaron las trompetas, rompieron los cántaros, y sosteniendo las antorchas en la mano izquierda y las trompetas en la mano derecha para tocarlas, gritaron: "¡La espada del Señor y de Gedeón!". Cada uno se mantuvo en su lugar alrededor del campamento; y todo el ejército de los madianitas echó a correr gritando mientras huían.*

Hubo una derrota y una gran victoria sobre las fuerzas del enemigo en el campo de batalla. Si podemos romper los pactos con el diablo que están en los linajes de la casa de nuestro padre/familia, sus derechos legales son quitados. Entonces marcharemos al campo de batalla y ganaremos cada vez. Sin embargo, tratar de entrar al campo de batalla sin tratar judicialmente con los asuntos que están hablando y dando poder al diablo traerá derrota y contraataque. Que el Señor nos ayude a tener éxito en cada nivel al aprender nosotros a funcionar en los Tribunales y pararnos en Su presencia.

Ya que hemos señalado la necesidad de ir al *tribunal* para revocar los derechos legales del diablo, también debemos conocer el significado de ganar en el campo de batalla. Una vez que estén resueltos y establecidos los asuntos legales, podemos entonces desafiar a los poderes de las tinieblas dentro de nuestra jurisdicción. Podemos ver este principio en ser *reyes* y *sacerdotes*, pero también al funcionar como *jueces* nosotros mismos. Desde la perspectiva de rey y sacerdote, podemos funcionar en los Tribunales como sacerdotes. Esto es lo que los sacerdotes hacían en el Antiguo Pacto. Su tarea era que, a través de ofrendas, sacrificios e intercesión, resolvieran las cosas legales. Esto es por qué, por ejemplo, los reyes no iban a la batalla hasta que se hubieran ofrecido sacrificios. Vemos esto en los días cuando Saúl fue hecho rey en 1 Samuel 13:7-14.

> Una vez que estén resueltos y establecidos los asuntos legales, podemos entonces desafiar a los poderes de las tinieblas dentro de nuestra jurisdicción.

*También algunos de los hebreos pasaron el Jordán a la tierra de Gad y de Galaad. Pero Saúl estaba todavía en Gilgal, y todo el pueblo le seguía atemorizado.*

*Él esperó siete días, conforme al tiempo que Samuel había señalado, pero Samuel no llegaba a Gilgal, y el pueblo se le dispersaba. Entonces Saúl dijo: "Tráiganme el holocausto y las ofrendas de paz". Y él ofreció el holocausto. Tan pronto como terminó de ofrecer el holocausto, llegó Samuel; y Saúl salió a su encuentro para saludarle.*

*Pero Samuel dijo: "¿Qué has hecho?". Y Saúl respondió: "Como vi que el pueblo se me dispersaba, que tú no llegabas dentro de los días señalados y que los filisteos estaban reunidos en Micmas, me dije: "Ahora los filisteos descenderán contra mí en Gilgal, y no he implorado el favor del Señor". Así que me vi forzado, y ofrecí el holocausto".*

*Samuel dijo a Saúl: "Has obrado neciamente; no has guardado el mandamiento que el Señor tu Dios te ordenó, pues ahora el Señor hubiera establecido tu reino sobre Israel para siempre. Pero ahora tu reino no perdurará. El Señor ha buscado para sí un hombre conforme a Su corazón, y el Señor lo ha designado como príncipe sobre Su pueblo porque tú no guardaste lo que el Señor te ordenó".*

Samuel había ordenado a Saúl que debía esperar hasta que él llegara. Cuando Samuel, que era el sacerdote, así que era el que tenía el derecho de ofrecer el sacrificio, se demoró, Saúl decidió por su propia cuenta ofrecer el sacrificio. Fue una violación seria. El resultado fue que Dios revocó el propósito inicial que tenía para Saúl. Todo esto ocurrió porque Saúl el rey tomó el papel de sacerdote. Esto era prohibido en el Antiguo Pacto. Había una distinción muy clara entre rey y sacerdote en el Antiguo Testamento. En el Nuevo Pacto, sin embargo, somos ambos, reyes y sacerdotes ante nuestro Dios. Apocalipsis 1:6 nos dice que hemos sido hechos reyes y sacerdotes ante nuestro Dios.

*Y nos hizo reyes y sacerdotes para Dios, su Padre; a él sea gloria e imperio por los siglos de los siglos.* Amén (RVR1960)

A través de nuestra función como reyes y sacerdotes, resolvemos las cosas legales, pero luego también vamos a la batalla. 2 Samuel 11:1 nos dice que la función de un rey es ir a la batalla.

*Aconteció que en la primavera, en el tiempo cuando los reyes salen a la batalla, David envió a Joab y con él a sus siervos y a todo Israel, y destruyeron a los amonitas y sitiaron a Rabá. Pero David permaneció en Jerusalén.*

David se había vuelto perezoso y débil. Como rey, debía estar en el campo de batalla. Esto es lo que la escritura dice que los reyes debían hacer. Todo el punto es que nosotros, a través de nuestra intercesión y función como sacerdotes ante nuestro Dios, resolvemos y establecemos asuntos legales en los Tribunales del Cielo. Desde este lugar, vamos a la guerra y ganamos victorias.

Se puede ver esta idea al funcionar nosotros como jueces en los Tribunales del Cielo. En Daniel 7:9-10 cuando vemos los Tribunales del Cielo en operación, no vemos solo un trono o asiento sino múltiples.

*Seguí mirando*
*Hasta que se establecieron tronos,*
*Y el Anciano de Días se sentó.*
*Su vestidura era blanca como la nieve,*
*Y el cabello de Su cabeza como lana pura,*
*Su trono, llamas de fuego,*
*Y sus ruedas, fuego abrasador.*
*Un río de fuego corría,*
*Saliendo de delante de Él.*
*Miles de millares le servían,*
*Y miríadas de miríadas estaban en pie delante de Él.*
*El tribunal se sentó,*
*Y se abrieron los libros.*

Se establecen tronos múltiples porque los Tribunales del Cielo es un *tribunal* y no una *corte* donde un jurado toma las decisiones. En otras palabras, las decisiones que se toman en este tribunal son por parte de un panel de jueces. Es por eso que había tronos, en plural. En Isaías 43:26 vemos que hacerle recordar a Dios es una manera en que presentamos casos en los Tribunales del Cielo. Sin embargo, también nos dice que debemos discutir con el Señor en ese lugar.

*Hazme recordar, discutamos juntos nuestro caso;*
*Habla tú para justificarte.*

La palabra *discutir* o *contender* en el hebreo es *palal*. Significa juzgar. El Señor está declarando que Él y nosotros juntos juzgaremos cualquier cosa que esté en contra de Sus propósitos. Una vez que hayamos establecido los asuntos legales en los Tribunales del Cielo por medio de nuestras actividades, entonces podemos entrar en nuestra posición como jueces y rendir veredictos. Estos veredictos están estableciendo las decisiones de los Tribunales del Cielo. Nosotros, al funcionar como jueces en los Tribunales del Cielo, somos parte del proceso de la victoria total y completa. Hemos adquirido el privilegio de no solo establecer los asuntos legales, sino ejecutarlos a la fuerza para que queden firmemente establecidos como una parte de la operación del ámbito celestial. Funcionaremos como quienes juzgan y hacen guerra desde una perspectiva de los Tribunales del Cielo. El resultado será la aniquilación de la resistencia demoniaca y el establecimiento del gobierno del reino de Jesús.

Capítulo 12

# La redención de tu línea de sangre:
## *El pecado, la transgresión, el engaño y la iniquidad*

UNA de las cosas principales que el diablo, como el *antidikos*, usa para levantar casos en nuestra contra es la iniquidad. David habló de este problema en el Salmo 32:1-2. Habla de cuatro diferentes clases de ofensas contra el Señor. Las cuatro pueden ser derechos legales que el diablo puede usar.

> *¡Cuán bienaventurado es aquel cuya transgresión es perdonada,*
>
> *Cuyo pecado es cubierto! ¡Cuán bienaventurado es el hombre a quien el Señor no culpa de iniquidad,*
>
> *Y en cuyo espíritu no hay engaño!*

David habla del *pecado, la transgresión, el engaño y la iniquidad*. Pecado significa *no alcanzar algo* tanto en el lenguaje hebreo como el griego. Esto puede ser no alcanzar un estándar moral o éticamente. Esta es una ofensa contra la *santidad de Dios*. Puede involucrar lujuria, falta de pureza, y rendirse a los apetitos de la carne. Romanos 3:23 dice que ninguno hemos alcanzado la gloria y el estándar de Dios. Esta es la razón por qué necesitamos un Salvador.

*Por cuanto todos pecaron y no alcanzan la gloria de Dios.*

Si nos dejamos entregar a la lujuria de la carne y la lujuria de los ojos, satanás puede tener un derecho legal de levantar casos contra nosotros con esto. Tenemos que entregarnos totalmente a la santidad del Señor y permitir que Su naturaleza sea formada completamente en nosotros. Cuando reconozcamos los esfuerzos de satanás de encontrar evidencia contra nosotros como un derecho legal, esto causará que busquemos andar de una manera santa delante del Señor. No es el Señor quien nos hará daño, es el diablo porque él ha descubierto un derecho legal para traer destrucción. Si pecamos, esto causará que nos arrepintamos rápidamente. No queremos que el pecado tenga algo en nuestra contra que pueda devorar nuestras vidas.

La segunda palabra que David usó fue *transgresión*. Esta es la palabra *pesha*. Significa *revuelta, rebelión, apartarse de la autoridad, cruzar un límite*. Esta es una ofensa contra la *autoridad de Dios*. Por serio que sea violar la santidad de Dios, tal parece en la escritura que violar la autoridad de Dios es aun más serio. Esto probablemente es porque este fue el pecado de satanás cuando estaba establecido en el cielo como el ángel lucifer. Su pecado fue rebelión contra Dios. Vemos esto en Isaías 14:13-15.

*Pero tú dijiste en tu corazón:*
*"Subiré al cielo,*
*Por encima de las estrellas de Dios levantaré mi trono,*

*Y me sentaré en el monte de la asamblea,
En el extremo norte.
Subiré sobre las alturas de las nubes,
Me haré semejante al Altísimo".
Sin embargo, serás derribado al Seol,
A lo más remoto del abismo.*

El Señor le advirtió a lucifer que a causa del orgullo, la arrogancia y la rebelión que estaba en su corazón, sería derribado. Esto era por su inhabilidad de permanecer en su debido lugar. Él siempre consideró que tenía un lugar que no le correspondía. De hecho Pablo le advirtió a Timoteo en cuanto a colocar a personas en lugares de liderazgo demasiado pronto en 1 Timoteo 3:6. Esta advertencia es porque no han madurado lo suficiente para manejar un lugar de autoridad sin que cause orgullo y luego rebelión.

*No debe ser un recién convertido, no sea que se envanezca y caiga en la condenación en que cayó el diablo.*

Así como Dios trató fuertemente con satanás en el cielo cuando él se rebeló, tal parece que nuestro pecado contra la autoridad de Dios recibe un juicio aun más estricto. Posiblemente ocurra porque satanás trae casos contra nosotros acusándonos delante del Señor. Posiblemente su caso sea que si él sufrió consecuencias tan duras a causa de su rebelión, lo mismo nos debe ocurrir a nosotros también. No debemos permitir que haya rebelión alguna en nosotros hacia el Señor o hacia una autoridad que representa al Señor. Hay lugares claros en las escrituras donde las personas se rebelaron y sufrieron juicios severos. Por supuesto, todo el caso de Coré y su rebelión contra Moisés y Dios se encuentra en Números 16:23-35. Coré y su gente se habían rebelado contra Moisés y cuestionaban y se peleaban contra el liderazgo de Dios. El resultado fue juicio contra él.

> No debemos permitir que haya rebelión alguna en nosotros hacia el Señor o hacia una autoridad que representa al Señor.

*Entonces respondió el Señor a Moisés: "Habla a la congregación, y diles: 'Aléjense de los alrededores de las tiendas de Coré, Datán y Abiram'".*

*Entonces se levantó Moisés y fue a Datán y a Abiram, y le seguían los ancianos de Israel, y habló a la congregación: "Apártense ahora de las tiendas de estos malvados, y no toquen nada que les pertenezca, no sea que perezcan con todo su pecado".*

*Se retiraron, pues, de los alrededores de las tiendas de Coré, Datán y Abiram; y Datán y Abiram salieron y se pusieron a la puerta de sus tiendas, junto con sus mujeres, sus hijos y sus pequeños. Y Moisés dijo: "En esto conocerán que el Señor me ha enviado para hacer todas estas obras, y que no es iniciativa mía. Si estos mueren como mueren todos los hombres o si sufren la suerte de todos los hombres, entonces el Señor no me envió. Pero si el Señor hace algo enteramente nuevo y la tierra abre su boca y los traga con todo lo que les pertenece, y descienden vivos al Seol, entonces sabrán que estos hombres han despreciado al Señor".*

*Y aconteció que cuando terminó de hablar todas estas palabras, la tierra debajo de ellos se partió, y la tierra abrió su boca y se los tragó, a ellos y a sus casas y a todos los hombres de Coré con todos susbienes. Ellos y todo lo que les pertenecía descendieron vivos al Seol; y la tierra los cubrió y perecieron de en medio de la asamblea. Todos los israelitas que estaban alrededor de ellos huyeron a sus gritos, pues decían: "¡No sea que la tierra nos trague!". Salió también fuego del Señor y consumió a los 250 hombres que ofrecían el incienso.*

El pecado de rebelión contra la autoridad de Dios resultó en juicio severo. Tenemos que tratar con cualquier rebelión en nuestros corazones. En base a la Palabra de Dios, el diablo puede aprovechar la oportunidad para demandar un derecho para devorar. Él puede venir delante de los Tribunales del Cielo y citar la Palabra de Dios y aun citar sucesos del pasado como un derecho para destruir. Si caminamos humildemente y nos arrepentimos, estos derechos pueden, y de hecho, serán, revocados y quitados.

La tercera palabra es *engaño*. David dijo que no había engaño en el espíritu. Esta es la palabra hebrea *rmiyah*. Significa *traición o lanzar o disparar o traicionar*. Este es un pecado contra otros. Los primeros dos son pecados contra Dios. Este es un pecado que les hace daño a otras personas de alguna forma. He encontrado que un pecado que les causó daño a otros es usado mucho por el diablo en los Tribunales. Él reclama derecho legal para hacer aterrizar fuerzas devoradoras como un resultado. Hay muchos lugares en la escritura donde vemos que el pecado contra otras personas trae juicio. El Señor declara en Miqueas 2:1-3 que si alguien intencionalmente tiene planes de robar lo que es asignado o designado para otro, traerá consecuencias devastadoras.

*¡Ay de los que planean la iniquidad,*
*Los que traman el mal en sus camas!*
*Al clarear la mañana lo ejecutan,*
*Porque está en el poder de sus manos.*
*Codician campos y se apoderan de ellos,*
*Codician casas y las toman.*
*Roban al dueño y a su casa,*
*Al hombre y a su heredad. Por tanto, así dice el Señor:*
*"Estoy planeando traer contra esta familia un mal,*
*Del cual no librarán su cuello.*
*No andarán erguidos,*
*Porque será un tiempo malo.*

Esto habla de aquellos que han adquirido autoridad pero la usan para robar, oprimir y abusar a otros. Si le quitan a un hombre su herencia, habrá un desastre ideado no solo contra la persona que lo hizo, sino contra el linaje de su familia. Se dice que no habrá manera de escapar esto. El pecado contra otros puede ser algo muy poderoso en contra de las personas. Debemos usar cualquier autoridad que tengamos de manera justa y no opresivamente. Si hemos abusado de alguien, debemos arrepentirnos y buscar traer restitución y restauración. Escrituras tales como estas son usadas por el diablo para nivelar casos contra nosotros cuando somos culpables. Tenemos que arrepentirnos y pedir perdón a Dios e incluso a otros. Esta es la forma en que quitamos los casos que satanás reclamaría tener contra nosotros.

> Debemos usar la autoridad que tenemos de manera justa y no opresivamente.

La cuarta palabra que David usó fue *iniquidad*. La palabra misma en el hebreo es *avon*. Significa *perversidad, torcido o ser torcido*. La iniquidad es la historia de pecado en la línea de sangre. Esta es una de las cosas que satanás usa con la mayor efectividad en los Tribunales del Cielo en nuestra contra. Él reclama tener causa legal en contra de nosotros no solo por nuestro pecado, sino por los pecados de nuestros antepasados. Si han cometido pecado, transgresiones o engaño, esto puede ser levantado en nuestra contra como un derecho legal para traer maldiciones y fuerzas devoradoras. Podemos tratar de comprender esto al mirar una porción de la oración de Daniel en Daniel 9:16. Él estaba buscando tratar con cualquier cosa que pudiera demorar o negarle la libertad a Israel de la cautividad.

*Oh Señor, conforme a todos Tus actos de justicia, apártese ahora Tu ira y Tu furor de Tu ciudad, Jerusalén, Tu santo monte. Porque a causa de nuestros pecados y de las iniquidades de nuestros padres, Jerusalén y Tu pueblo son el oprobio de todos los que nos rodean.*

Toma nota de que Daniel no solo se estaba arrepintiendo por su propio pecado, sino también por las iniquidades de los padres. Ellos habían estado en la cautividad por casi 70 años. Él sabía que el derecho legal que el enemigo reclamaba para hacer esto a toda la nación era el pecado pasado en la historia de la nación. Si habían de salir de la cautividad, era necesario tratar con y revocar estos pecados y su derecho legal. Daniel se estaba arrepintiendo por estas iniquidades. Lo podemos ver de manera muy clara en 2 Samuel 21:1-3.

*En los días de David hubo hambre por tres años consecutivos, y David buscó la presencia del Señor. Y el Señor dijo: "Es por causa de Saúl y de su casa sangrienta, porque él dio muerte a los gabaonitas". Y llamó el rey a los gabaonitas y les habló. (Los gabaonitas no eran de los israelitas, sino del remanente de los amorreos, y los israelitas habían hecho un pacto con ellos, pero Saúl había procurado matarlos en su celo por los israelitas y los de Judá).*

*Dijo, pues, David a los gabaonitas: "¿Qué debo hacer por ustedes? ¿Y cómo haré restitución para que bendigan la heredad del Señor?".*

Los gabaonitas eran una de las naciones que Josué y el ejército de Israel debieron haber destruido en su conquista de la Tierra

Prometida. Sin embargo, los gabaonitas habían engañado a Josué y a sus líderes, principalmente porque no pidieron el consejo del Señor. En vez de derrotarlos, entraron en pacto con ellos. Aunque el pacto se había hecho bajo falsas pretensiones, para Dios, el pacto seguía siendo válido. Generaciones después, cuando Saúl mató a los gabaonitas en vez de honrar el pacto, le dio al diablo causa legal contra Israel. Setenta años después del hecho, ahora ha habido hambruna en la tierra por tres años. Cuando David decide preguntarle a Dios *por qué*, el Señor revela que es por lo que Saúl había hecho y porque rompió el pacto. La falta de lluvia, sequía y hambruna eran el resultado legal concedido al diablo contra Israel debido a este pacto roto. Se había orado por la tierra, pero sin respuesta desde el cielo. La historia del pecado se estaba usando para cancelar los efectos de las oraciones. David les preguntó a los gabaonitas qué era necesario hacer para que el pacto se restaurara y la maldición fuera levantada. Ellos le dijeron las cosas que deseaban. David las cumplió. La Biblia entonces hace una poderosa declaración en 2 Samuel 21:14.

> *Entonces sepultaron los huesos de Saúl y de su hijo Jonatán en tierra de Benjamín, en Zela, en el sepulcro de su padre Cis, e hicieron todo lo que el rey había ordenado. Después de esto Dios fue movido a misericordia para con la tierra.*

David mostró honor a la casa de Saúl, a la misma vez que cumplía las demandas de los gabanoitas. El resultado de esta actividad fue que el derecho legal que satanás estaba reclamando fue revocado y la tierra fue bendecida de nuevo. Debemos saber cómo "intervenir" en el pasado y tratar con cualquier reclamo que el diablo tenga contra nosotros. Los pecados de nuestros antepasados pueden ser silenciados para que el diablo no tenga derecho de usarlos en la actualidad en contra de las intenciones de Dios para nuestras vidas.

> Debemos que saber cómo "intervenir" en el pasado y tratar con cualquier reclamo que el diablo tenga contra nosotros.

El Nuevo Testamento también habla de la historia del pecado o la iniquidad que opera en contra de nosotros legalmente. Jesús, al hablar a los líderes religiosos de Su día en Mateo 23:29-32, les advirtió en contra de permitir que la iniquidad de su línea de sangre les impulse a ser aun más malvados.

*"¡Ay de ustedes, escribas y fariseos, hipócritas! Porque edifican los sepulcros de los profetas y adornan los monumentos de los justos, y dicen: 'Si nosotros hubiéramos vivido en los días de nuestros padres, no hubiéramos sido sus cómplices en derramar la sangre de los profetas'. Así que dan testimonio en contra de ustedes mismos, que son hijos de los que asesinaron a los profetas. ¡Llenen, pues, la medida de la culpa de sus padres!".*

En un esfuerzo por declararse justos debido a sus actividades religiosas tales como la construcción de monumentos y tumbas a profetas y personas justas que sus antepasados habían matado, Jesús dijo que en realidad estaban dando testimonio contra ellos mismos. Estaban reconociendo la iniquidad en su línea de sangre de rebelión y sedición contra el Señor y Sus mensajeros. Cuando Jesús les dice que *"Llenen, pues, la medida de la culpa de sus padres"*, está desvelando la iniquidad en su línea de sangre que causará que maten al Hijo de Dios. La iniquidad en su línea de sangre había creado dentro de ellos una propensión hacia la iniquidad. Esta rebelión los dejaba incapaces de recibir a Jesús. Como resultado de su falta de voluntad de tratar con lo que estaba obrando en ellos y en contra de ellos, estaban destinados a hacer lo impensable. Crucificarían a Jesús y llenarían la medida de su pecado. Esto concedería el derecho legal necesario para que Israel fuera juzgado y destruido. El templo quedaría destruido. Esto es lo que Jesús profetizó en Lucas 21:5-6.

*Mientras algunos estaban hablando del templo, de cómo estaba adornado con hermosas piedras y ofrendas votivas, Jesús dijo: "En cuanto a estas cosas que ustedes están mirando, vendrán días en que no quedará piedra sobre piedra que no sea derribada".*

Jesús les estaba permitiendo saber que porque lo rechazaban y lo matarían, el juicio sobre ellos sería seguro. Aquello mismo en lo cual ponían su confianza y orgullo sería destruido. Esto sería el resultado de que su pecado como pueblo era completo. Dios le habló a Abraham acerca de esto en Génesis 15:12-16. Le reveló a Abraham que después de 400 años de cautividad y esclavitud en

Egipto, regresarían a esta tierra. La razón por qué era necesario que pasaran cuatro siglos en cautividad era que Dios todavía no podía juzgar legalmente a los habitantes actuales y quitarlos. Su pecado no era completo o lleno.

*A la puesta del sol un profundo sueño cayó sobre Abram. El terror de una gran oscuridad cayó sobre él. Y Dios dijo a Abram: "Ten por cierto que tus descendientes serán extranjeros en una tierra que no es suya, donde serán esclavizados y oprimidos durante 400 años. Pero Yo también juzgaré a la nación a la cual servirán, y después saldrán de allí con grandes riquezas. Tú irás a tus padres en paz, y serás sepultado en buena vejez.*

*"En la cuarta generación ellos regresarán acá, porque hasta entonces no habrá llegado a su colmo la iniquidad de los amorreos".*

Los amorreos no podían ser echados de su tierra hasta que la iniquidad le diera a Dios el derecho legal de juzgarlos, quitarlos y dar la tierra a Josué y a Israel. La iniquidad, o la historia del pecado en una línea de sangre es usado legalmente en nuestra contra. Es por eso que debemos arrepentirnos por ello y pedir que la sangre de Jesús hable mejor a nuestro favor. De otra manera, el diablo armará casos en nuestra contra por estas cosas. Hay tantas ocasiones cuando las personas preguntan *por qué* cosas malas e hirientes les están ocurriendo. Cuestionan *por qué* nunca pueden entrar a los lugares que saben que deben ocupar. Estas situaciones pueden ser el resultado de la iniquidad que está hablando en contra de nosotros en la línea de sangre. Estas voces tienen que ser silenciadas. Una vez que sean anuladas, la resistencia se acabará y las bendiciones por las cuales uno luchó pueden venir.

*Si ustedes llaman "Padre" a aquel que al juzgar se fija en lo que se ha hecho, y no en quién lo hizo, vivan el resto de sus vidas en el temor de Dios. Ustedes saben que fueron rescatados de una vida sin sentido, la cual heredaron de sus padres; y que ese rescate no se pagó con cosas corruptibles, como el oro y la plata, sino con la sangre preciosa de Cristo, sin mancha y sin contaminación, como la de un cordero.*

La Palabra nos dice y advierte que Dios *juzga* sin parcialidad. Así que, debemos andar en el temor del Señor. Toma nota de que se nos dice que hemos sido redimidos por la sangre preciosa del Cordero. Esta sangre ha revocado el alcance de la iniquidad de nuestra línea de sangre. Eso es a lo que se refiere *una vida sin sentido, la cual heredaron de sus padres*. En otras palabras, la iniquidad creará en nosotros propensiones y deseos que están en contra de la voluntad de Dios. Tenemos que tomar activamente la sangre de Jesús y silenciar los derechos que la iniquidad reclamaría y el poder del diablo asociado con ello. Recuerda que en los Tribunales del Cielo estamos estableciendo de manera completa el veredicto declarado de la cruz. Respondemos a cada reclamo en nuestra contra por Su sangre. Tenemos un derecho de pararnos en los Tribunales del Cielo y declarar que somos redimidos por esta sangre. Así pues, todos los reclamos en nuestra contra son revocados, quitados y borrados. ¡Son cancelados según la obra legal de Jesús en la cruz! Muchas veces tenemos que tratar con los asuntos específicos en nuestro linajes. El diablo sabe que tenemos todo lo que necesitamos a nuestra disposición debido a quién

Jesús es y lo que Él ha hecho por nosotros. Sin embargo, satanás buscará requerir de nosotros que tratemos ciertos asuntos que son específicos. Él hará un reclamo contra nosotros que nos niega la victoria, la sanidad, la recuperación y el destino. Debemos activa y agresivamente tomar la sangre de Jesús y a través del arrepentimiento usarlo para silenciar esta voz y este reclamo contra nosotros. Cuando lo hacemos, esto nos libera de los reclamos de la iniquidad y nos lanza en nuestro futuro.

Todos los reclamos son revocados, quitados y borrados. ¡Son cancelados de acuerdo con la obra legal de Jesús en la cruz!

Uno de los episodios más significativos en tratar con mi línea de sangre ocurrió por medio de un sueño que tuve. Permíteme primero decir que yo había sufrido 20 años de demora. Yo tenía palabras muy claras por parte del Señor acerca de la razón para la cual fui creado y lo que Él me tenía destinado a hacer. Es más, en 1995 o sus alrededores, tuve un encuentro con el Señor donde me dijo: "*Haré de ti un nombre como el nombre de los grandes que hay en la tierra*".

Esta es una declaración que Dios le hizo a David en 1 Crónicas 17:8 cuando David quería edificar una casa para Dios.

*He estado contigo por dondequiera que has ido y he exterminado a todos tus enemigos de delante de ti, y haré de ti un nombre como el nombre de los grandes que hay en la tierra".*

Dios le está diciendo a David que él no le podía edificar una casa porque era un hombre de guerra. Sin embargo, su hijo Salomón edificaría la casa, que es exactamente lo que sucedió. No obstante, el Señor había levantado a David desde un lugar de ser desconocido como un muchacho que pastoreaba ovejas a un rey que reinaba. Su nombre estaba inscrito entre los grandes hombres de la tierra. El Señor usó esta escritura que yo ni siquiera conocía para hablarme.

Por más de 20 años, esta palabra me persiguió. Pensé que vería movimiento para que esto se hiciera realidad. Sin embargo, todo menos eso sucedió. Observé a otros ser promovidos, pero yo permanecía en las sombras. Vi la influencia de otros crecer y aumentar, mientras que yo seguía invisible. Los años pasaron. Envejecí. La plenitud de mi vida pareció llegar y pasar, pero yo seguía trabajando en relativa oscuridad. Luchaba con esta palabra y vivía en la frustración. En muchas ocasiones quise simplemente abandonar todo y dejar a un lado lo que sabía que Dios había dicho. Se me prometieron cosas pero muchas nunca materializaron. Me prometieron que ciertas oportunidades vendrían y puertas se abrirían, pero estas fueron olvidadas y descartadas. Algo parecía siempre sabotear cualquier movimiento prometedor hacia el cumplimiento de esta palabra. Mucha esperanza diferida comenzó a aferrarse a mi vida y crear un corazón enfermo. Yo pensaba que yo no era quien creía ser.

Luego tuve este sueño. En el sueño, había un juicio en tiempos actuales contra mí por parte de un tribunal terrenal porque mi tatarabuelo había lesionado a alguien debido a negligencia. Desperté del sueño con terror en mi corazón. El sueño había sido tan real que yo pensaba que había un juicio literal y que yo estaba en problemas con la ley. Tenía mucho temor de que debido a esto yo debía mucho dinero y que tenía este juicio en mi contra. Cuando estaba totalmente despierto, me di cuenta de que había sido un sueño. El efecto, sin embargo, quedó profundo en mi mente y espíritu. Me di cuenta de que Dios estaba revelando algo muy significante acerca de mí y de mi línea de sangre. Luego el Señor me habló. Me dijo: *"Tu tatarabuelo, debido a negligencia, le robó a alguien sus sueños. Por eso, el diablo ha reclamado un derecho legal de robarte de tus sueños".*

De repente supe por qué había experimentado tanta demora en cuanto a la palabra que Dios me había hablado. El diablo no quería que yo tuviera este ámbito de influencia y participara de la expansión del gobierno de Dios. Él había encontrado un derecho legal en mi linaje para negarme el cumplimiento de esta palabra. Yo tenía que ir a los Tribunales del Cielo y tratar con este asunto legal completamente y por medio de la sangre del Cordero. Empecé a orar y a arrepentirme por negligencia. Yo no tenía ninguna idea de lo que mi tatarabuelo había hecho. No sabía a quién se lo había hecho. Simplemente tomé el conocimiento y la información que recibí en el sueño y la usé. Me arrepentí por mí mismo, mi línea de sangre, pero específicamente por el pecado de mi abuelo.

Recuerda, yo no puedo cambiar el destino eterno de mi tatarabuelo. Sin embargo, puedo ver que se revoque el derecho legal que el diablo reclamaba para usar este pecado en mi contra. Esto es lo que hice. Por fe, me paré delante de los Tribunales del Cielo y traté con este asunto. Yo sabía que estaba tratando con algo bastante significante que estaba alterando mi destino. Pedí que la sangre de Jesús hablara a mi favor (ver Hebreos 12:24). Pedí que el derecho del diablo de usar esto en mi contra fuera anulado. Pedí que este caso fuera descartado de los Tribunales del Cielo y que no permitiera que se presentara otra vez. Yo sentí que todo lo que le había pedido al Tribunal se había concedido y que una decisión se había tomado a mi favor.

Hasta este punto, cada oportunidad o había fallado o había llegado a la nada. Se habían acercado a mí varias veces con la invitación de salir en diferentes programas de televisión, pero nada había sucedido. De repente, dentro de una semana o menos, recibí una llamada por parte de uno de los programas de televisión cristianos más vistos y favorecidos en el aire. Yo había tenido comunicaciones previas con ellos antes, pero nada había ocurrido. Esta vez, sin embargo, porque los reclamos legales en mi contra habían sido revocados, me tuvieron en el programa. Tuvimos una respuesta que rompió récord. Ahora he estado en este programa muy popular cuatro veces. También me han *dado* dos de mis propios programas en diferentes redes. Mis libros son de mejor venta. Uno de mis libros ha vendido más de un millón de ejemplares. Mi influencia comenzó a crecer y ha continuado. La palabra que Dios me dijo está definitivamente en el horizonte de ser cumplida. A Dios le encanta tomar a los "don Nadie" y usarlos para tocar diferentes ámbitos. Me siento agradecido y humillado por lo que Dios me está permitiendo hacer. Sin embargo, nada de esto estaría sucediendo si yo no hubiera tratado con el reclamo legal contra mí que la iniquidad en mi línea de sangre permitía. Tuve que pararme en los Tribunales del Cielo y presentar un caso para deshacer lo que estaba hablando en contra de mí y el destino que Dios tenía para mí.

Capítulo 13

# El Estatuto de Limitaciones

HAY una cosa más que quiero abordar sobre el tema de la línea de sangre. Debemos saber que Dios establece un estatuto de limitaciones sobre lo que el diablo puede usar. Cuando empecé a enseñar acerca de los Tribunales del Cielo y la limpieza de la línea de sangre, había sido influenciado a pensar que debemos tratar con nuestras líneas de sangre personales hasta el huerto de Edén y Adán y Eva. Acepté esto como correcto y lo enseñé por muchos años. Sin embargo, siempre me inquietaba lo que Dios dijo en Éxodo 20:5. El Señor mismo, de hecho, puso límites a la medida de tiempo en que se podía permitir que la iniquidad actuara contra alguien.

> *No los adorarás ni los servirás. Porque Yo, el Señor tu Dios, soy Dios celoso, que castigo la iniquidad de los padres sobre los hijos hasta la tercera y cuarta generación de los que me aborrecen.*

El diablo es un ser legal y solo puede operar dentro de los límites de la ley de Dios. Él no puede formular sus propios estándares e implementarlos. Él busca usar la ley y la Palabra del Señor contra nosotros y explotarnos con estas. Él no tiene el derecho de usar nada más allá de las últimas cuatro generaciones en nuestra línea de sangre a menos que se lo concedamos. Anteriormente, yo le enseñaba a la gente a orar: "*Señor, abro mi línea de sangre hasta Adán y Eva. Cualquier cosa dentro de ella que el diablo usaría para armar un caso en mi contra, pido que sea expuesta y revelada*". Esto suena muy espiritual. De hecho, viene de un corazón profundo delante de Dios de no querer que nada quede oculto. Sin embargo, cuando se ora esta clase de oración, le da al diablo acceso a cosas a las cuales, según la Palabra de Dios, no debería de tener acceso. Algunos han preguntado si está mal entonces cuando profetas videntes han visto cosas en la línea de sangre anteriores a la cuarta generación. La respuesta es sencilla. Cuando oramos esa clase de oración, la línea de sangre queda abierta, y debido a su don, los videntes empiezan a ver en estos ámbitos. Sin embargo, Dios tendría esto sellado. En un tribunal natural hay ocasiones cuando se sellan los registros para que nadie tenga acceso a la historia personal de alguien más allá de cierto punto. Esto es exactamente lo que esta palabra en Éxodo hace. Pablo también aborda esto en 1 Timoteo 1:4 (RVR 1960).

*Ni presten atención a fábulas y genealogías interminables, que acarrean disputas más bien que edificación de Dios que es por fe, así te encargo ahora.*

Cuando consultas el griego, el término *genealogías interminables* significa *generaciones no terminadas*. En otras palabras, Pablo les estaba exhortando a no dejarse llevar por la búsqueda de cuestiones en la línea de sangre, ya fueran buenos o malos. Por mucho que yo crea en tratar con los reclamos legales del diablo relacionados con nuestras líneas de sangre, desprecio la caza de brujas que mucha gente lleva a cabo. Ellos sienten que si pueden encontrar esa "sola cosa" que un antepasado hizo, todo cambiará. Mi experiencia ha sido que traté con la historia de mi línea de sangre por fe. Tomo Colosenses 2:14 y pido que el veredicto de la cruz se ejecute a mi favor.

*Habiendo cancelado el documento de deuda que consistía en decretos contra nosotros y que nos era adverso, y lo ha quitado de en medio, clavándolo en la cruz.*

Pido que cualquier queja o causa legal que satanás pudiera estar levantando en mi contra sea descartada basada en lo que Jesús ha hecho legalmente. También me arrepiento por cualquier cosa que discierno en mi línea de sangre al ver a mis padres, hermanos, mi vida y mis hijos. Dentro de estas generaciones, verás ciertos patrones de iniquidad. Trata con estos delante de los Tribunales del Cielo. Luego simplemente pido que cualquier otra cosa que yo debiera saber me sea revelada proféticamente. Esto ha ocurrido al escuchar yo al Señor y al prestar atención a sueños y revelaciones que vienen de Él. He visto que problemas legales se han eliminado. Filipenses 3:15 es una excelente escritura concerniente para mirar a nuestra línea de sangre.

*Así que todos los que somos perfectos, tengamos esta misma actitud; y si en algo tienen una actitud distinta, eso también se lo revelará Dios.*

Se nos ha dicho que nuestra mente debe reflejar la madurez que hemos adquirido. Sin embargo, también se nos ha dicho que si hay algo de lo cual no somos conscientes o que no estamos viendo correctamente, Dios nos lo revelará. Yo reclamo esto sobre mi vida en cuanto a cuestiones de la línea de sangre. Básicamente le pido al Señor que si hay algo con lo cual debo tratar que no conozco, que me lo revele. Esta ha sido una escritura muy buena para reclamar y pedir que revelación adicional venga en cuanto a este asunto.

> Si hay algo de lo cual no somos conscientes o que no estamos viendo correctamente, Dios nos lo revelará.

Sin embargo, ninguna de las revelaciones que he recibido han tratado con asuntos anteriores a la cuarta generación. Esta es una de las cosas que me empezó a convencer que estábamos cometiendo un error al abrir nuestras líneas de sangre hasta Adán y Eva en referencia a la iniquidad. Si el enemigo está limitado a solo cuatro generaciones de iniquidad en mi línea de sangre, entonces puedo terminar las cosas. No me quedo atrapado en todo la cuestión de genealogías interminables. Si satanás tiene acceso hasta Adán y Eva, entonces es imposible tratar con todo. Sin embargo, si queda restringido a cuatro generaciones, podemos y lograremos completar todo el trabajo necesario y encargarnos de que el enemigo pierda todo derecho legal que esté reclamando. Tenemos que poner en su lugar el estatuto de limitaciones basado en Éxodo 20:5. Cuando lo hacemos, le prohibimos al enemigo el derecho de usar cualquier cosa más allá de las cuatro generaciones contra nosotros. Podemos tratar con y terminar con todos los asuntos problemáticos y entrar al éxito que Dios tiene para nosotros.

Hay una excepción en cuanto a la regla concerniente a la idea de cuatro generaciones que estoy propugnando. En Deuteronomio 23:2 se nos dice que si alguien es de nacimiento ilegítimo, hay una maldición por diez generaciones.

*No se admitirá en la asamblea del Señor a ningún hijo ilegítimo ni a sus descendientes hasta la décima generación.*
(NTV)

El diablo puede buscar tomar ventaja de la Palabra y la ley de Dios para explotarnos a nosotros y nuestros descendientes con esto. Satanás podría buscar negar a alguien su lugar delante del Señor porque entre sus antepasados hay quienes fueron ilegítimos. En otras palabras, su padre y su madre no estaban casados. Es necesario tratar con esto en la mayoría de las líneas familiares. Lo primero que se tiene que declarar delante de los Tribunales del Cielo es que no estamos bajo la ley. Así que, esta palabra no tendría ningún peso sobre mí como creyente. Cuando vine a Cristo, salí de estar debajo de la ley y sus restricciones y castigos. Romanos 7:4-6 nos hace saber que cuando morimos con Jesús, morimos a la ley. La ley ya no tiene poder sobre nosotros como creyentes.

Así que, cualquier caso que satanás intente traer contra nosotros, podemos someter ante los Tribunales quién es Jesús y lo que Él ha hecho para callar ese reclamo.

*Por tanto, hermanos míos, también a ustedes se les hizo morir a la ley por medio del cuerpo de Cristo, para que sean unidos a otro, a Aquel que resucitó de entre los muertos, a fin de que llevemos fruto para Dios. Porque mientras estábamos en la carne, las pasiones pecaminosas despertadas por la ley, actuaban en los miembros de nuestro cuerpo a fin de llevar fruto para muerte. Pero ahora hemos quedado libres de la ley, habiendo muerto a lo que nos ataba, de modo que sirvamos en la novedad del Espíritu y no en el arcaísmo de la letra.*

También debemos arrepentirnos por cualquier ilegitimidad que haya en nuestra línea de sangre. Podemos pedir que la sangre de Jesús hable por nosotros. Esto es activamente poner en marcha todo lo que Jesús ha hecho por nosotros. Estamos quitando todo documento legal que se pudiera usar para negarnos un lugar que Dios ha ordenado.

Por importante que sea ver revocados los derechos legales de Satanás que reclamaría sobre la base de la iniquidad, hay otra cuestión problemática asociada con nuestras líneas de sangre. Se trata de los pactos que las personas en nuestras líneas de sangre han hecho con los poderes demoniacos. Aunque la iniquidad tiene un límite de cuatro generaciones, los pactos son perpetuos y eternos hasta que alguien los anule. Desvelaremos esto en el próximo capítulo.

Señor, al venir ante Tus Tribunales, nos arrepentimos por el pecado; las ofensas contra tu santidad. Nos arrepentimos por las transgresiones; las ofensas contra Tu autoridad. Nos arrepentimos por el engaño; las ofensas contra otras personas. Nos arrepentimos por la iniquidad; la historia del pecado en nuestra línea de sangre. Señor, pido según Hebreos 12:24 que Tu sangre hable por mí al arrepentirme y traer todas las cosas a la luz. Pido que sea perdonado y que cualquier derecho legal que satanás tenga al hacer reclamos contra mí sea descartado y revocado.

Declaro Colosenses 2:14, que todo cargo contra mí es perdonado. Tú, Señor, lo tomaste y lo clavaste en Tu cruz. Gracias que toda queja legal contra mí ha sido ahora eliminada. Pido que cualquier otro asunto problemático que satanás pudiera contender contra mí sea revelado. Gracias que sea cual sea la causa legal, ahora queda revelada para que yo la conozca y pueda arrepentirme por parte de mí mismo y mi línea de sangre. Muchas gracias por todo lo que has hecho en la cruz que legalmente responde a todas las quejas. Gracias que el Espíritu Santo ahora me ayuda como la ayuda legal para responder a todo lo que fuere necesario para eliminar lo que hablaría contra mí.

Señor, me arrepiento por cualquier ocasión en que he orado que se abra mi línea de sangre hasta Adán y Eva. Perdóname, Señor, por operar erróneamente en Tus Tribunales. Pido que cualquier derecho legal que el enemigo haya reclamado basado en estas oraciones sea ahora revocado. Pido que el estatuto de limitaciones de Dios se establezca sobre mi vida. Que la iniquidad solo sea un problema hasta la cuarta generación. Pido que cualquier cosa más allá de entonces sea sellada y que no se permita como evidencia y testimonio delante de Ti en mi contra. También pido, Señor, que cualquier ilegitimidad en mi línea de sangre que satanás pudiera reclamar como un derecho para afligir y negar las promesas y propósitos de Dios sea limpiada. Recuerdo a este Tribunal que soy libre de los mandatos de la ley debido a la muerte de Jesús. Morí con Él y a la ley en Su crucifixión. Que esto sea registrado y conocido delante de Ti ahora. También me arrepiento por cualquier lugar de impureza sexual que resultó en nacimientos ilegítimos. Pido que la sangre de Jesús hable por mí. Reclamo delante de Tus Tribunales que soy legítimo y tengo propósito divino. Reclamo que mi familia es legítima y tiene propósito divino. Todas las demás voces que hablarían lo contrario ahora son silenciadas en el nombre de Jesús. Amén.

.

Capítulo 14

# ANULA PACTOS Y ACUERDOS

SE pueden hacer pactos y acuerdos en el ámbito demoniaco. Puede haber, y probablemente hay, pactos que se hicieron en nuestras líneas de sangre que crearon reclamos legales en nuestra contra. El problema es que aunque hay limitaciones sobre los efectos de la iniquidad contra nosotros, los pactos pueden perdurar por muchas más generaciones. Esto es debido a la naturaleza del pacto. Para Dios, los pactos son de naturaleza perpetua y generacional y duran toda la vida. Podemos ver esto cuando David y Jonatán hicieron un pacto juntos en 1 Samuel 20:13-17. Jonatán amaba tanto a David que cuando David estaba huyendo por su vida a causa de Saúl, Jonatán deseó tener una conexión y un acuerdo entre ellos.

*"Si mi padre quiere hacerte mal, que así haga el Señor a Jonatán y aun le añada si no te lo hago saber y te envío para que vayas en paz. Y que el Señor sea contigo, como ha sido con mi padre. Y si todavía vivo, ¿no me mostrarás la misericordia del Señor, para que no me maten, ni quitarás tu misericordia de mi casa para siempre, ni aun cuando el Señor*

*haya quitado de la superficie de la tierra a cada uno de los enemigos de David?".*

*Jonatán, pues, hizo un pacto con la casa de David, diciendo: "El Señor lo demande de la mano de los enemigos de David". Y Jonatán hizo jurar a David otra vez a causa de su amor por él, pues lo amaba como a sí mismo.*

Este pacto era de naturaleza generacional. El compromiso que David le hizo a Jonatán no era solo para él durante su vida. También era para la casa de Jonatán. Es por eso que cuando Jonatán murió, David buscó sus descendientes para bendecirlos. Buscaron a Mefiboset, el hijo de Jonatán, y lo encontraron en 2 Samuel 9:1-3. David entonces lo trajo a la mesa del rey y proveyó para él todos los días de su vida. Esto fue debido al pacto que se había hecho con Jonatán.

*Entonces David dijo: "¿Hay todavía alguien que haya quedado de la casa de Saúl, para que yo le muestre bondad por amor a Jonatán?".*
*Y había un siervo de la casa de Saúl que se llamaba Siba, y lo llamaron ante David. Y el rey le dijo: "¿Eres tú Siba?".*
*"Su servidor", respondió él.*
*Y el rey le preguntó: "¿No queda aún alguien de la casa de Saúl a quien yo pueda mostrar la bondad de Dios?".*
*Y Siba respondió al rey: "Aún queda un hijo de Jonatán lisiado de ambos pies".*

Se entendía que un pacto era algo que duraba por generaciones venideras. El diablo sabe esto. Así que, cuando alguien hace un pacto con demonios a través de un sacrificio, los demonios reclaman el linaje de esa persona. Esto queda intacto hasta que se anule. Esto por supuesto se hacer a través del arrepentimiento y la sangre de Jesús.

Las personas hacen pactos con poderes demoniacos por varias razones. Posiblemente necesitaban lluvia para sus cosechas, o protección de un enemigo, o seguridad para su familia. Por lo general, la razón detrás de un pacto era algo correcto. Sin embargo, personas erradas hacían pactos con los poderes de las tinieblas en vez de que con el Señor nuestro Dios. Isaías 28:14-15 muestra a los líderes de Israel haciendo pacto con poderes demoniacos. Estaban poniendo su confianza en los principados en vez de que en Dios mismo.

*Por tanto, oigan la palabra del Señor, oh insolentes,*
*Gobernantes de este pueblo que está en Jerusalén.*
*Porque han dicho:*
*"Hemos hecho un pacto con la muerte,*
*Hemos hecho un convenio con el Seol.*
*Cuando pase el azote abrumador,*
*no nos alcanzará,*
*Porque hemos hecho de la mentira*
*nuestro refugio*
*Y en el engaño nos hemos escondido".*

Aquí dice que hicieron un pacto con el Seol y con la muerte. Esto habla del ámbito demoniaco. Ellos pensaban que a causa de este pacto, cuando llegaran problemas ellos se escaparían.

Literalmente creían que los demonios en quienes habían puesto su confianza podrían proteger y guardarlos. Por loco que suene, eso es lo que la gente hace. Yo de hecho tuve que deshacer un pacto que uno de mis antepasados había hecho con poderes demoniacos. El resultado de esto fue libertad inmediata de lo que estaba devorando mi vida, mi familia y ministerio. Porque estaba siendo usado por Dios y la intención de Dios era usarme de una manera mayor para extender Su reino, el diablo comisionó una búsqueda en mi línea de sangre para ver si había algo legal que se pudiera usar en mi contra. Encontraron en mi línea de sangre este pacto que se había hecho generaciones antes. Esto le daba al poder demoniaco el derecho de afligirme, devorarme, y resistir los propósitos de Dios para mí. Cuando fui delante de los Tribunales del Cielo y fue anulado este pacto, todos los ataques contra mí se pararon. Las cosas empezaron a alinearse en orden divino. Un proceso de restauración comenzó a recuperar todo lo que se había robado. Así que, además de la iniquidad en la línea de sangre, también le debemos pedir al Señor que revele pactos que estén intactos con poderes demoniacos.

Al viajar y enseñar el mensaje de los Tribunales del Cielo, he orado con muchas personas. He encontrado personas que de hecho saben que un pacto se hizo con entidades diabólicas. Estuve en una reunión en particular donde dirigí al grupo a anular pactos con lo demoniaco. Yo no sabía que estaban allí una dama que había sido comprometida para ser la novia de satanás. Sus padres la habían concebido y criado por esta razón. Sin embargo, ella había tenido un encuentro con el Señor y fue salva. Los demonios no la dejaban en paz. La acosaban, atormentaban y lastimaban de cualquier manera posible. Enseñé, y luego dirigí a todo el grupo a entrar a los Tribunales del Cielo y pedir que se anularan pactos que satanás estaba usando para controlar a las personas. Esta dama en particular se acercó conmigo después de la reunión y me contó su historia. Ella dijo que había sentido una victoria mientras estábamos parados en los Tribunales de Cielo, pidiendo que los derechos legales que satanás estaba reclamando fueran revocados. Me sentí feliz y bendecido que ella sintiera que algo había ocurrido. La mejor parte de la historia es que ella me mandó un correo electrónico algunas semanas después y me dijo que lo que había ocurrido esa noche había durado. Ella había recibido alivio permanente de los poderes que la estaban reclamando como su posesión debido al pacto. El Señor había rendido una decisión a favor de ella que había anulado el pacto que sus padres habían establecido. ¡El derecho legal del diablo a esta dama se había anulado y ella había quedado libre!

> Además de la iniquidad en la línea de sangre, también le debemos pedir al Señor que revele pactos con poderes demoniacos que estén intactos.

También he orado por muchas más personas y les he ayudado a pararse en los Tribunales del Cielo y deshacer pactos hechos con demonios. Recuerdo a un hombre en Europa que era un hombre en muy alta posición y muy respetado en su campo y carrera. Sin embargo, batallaba mucho con la depresión. Al orar juntos, fue revelado que había tomado lugar el sacrificio de niños en su línea de sangre. Favor de entender, el hombre no tuvo nada que ver con esto, pero profundo en su linaje hubo personas que hicieron pactos con los poderes demoniacos a través de la sangre de niños. La sangre frecuentemente es requerida por los demonios para establecer y poner en marcha los pactos. En alguna parte en su línea de sangre había quienes habían ofrecido las vidas de niños para recibir poder demoniaco. Así que, estos demonios reclamaban a este hombre y su linaje. Decían que tenían el derecho de afligirlo con depresión. Al anular nosotros estos pactos, este hombre quedó libre de la depresión. Los derechos legales del diablo fueron revocados y él quedó libre. Con tanta frecuencia las enfermedades, la depresión, la calamidad, la muerte prematura y muchas otras cosas son el resultado de pactos con demonios. Reclaman que son dueños de la línea de sangre y el linaje basado en el pacto hecho con ellos. Esto tiene que ser anulado legalmente delante de los Tribunales del Cielo.

Inmediatamente después de que Eliseo recibiera el manto de Elías, los hombres de Jericó le pidieron que resolviera el problema de la maldición que había en la ciudad. Encontramos esta historia en 2 Reyes 2:19-21.

*Entonces los hombres de la ciudad dijeron a Eliseo: "El emplazamiento de esta ciudad es bueno, como mi señor ve, pero el agua es mala y la tierra estéril".*

Y él dijo: "Tráiganme una vasija nueva, y pongan sal en ella". Y se la trajeron.

Eliseo fue al manantial de las aguas, echó sal en él, y dijo: "Así dice el Señor: 'He purificado estas aguas; de allí no saldrá más muerte ni esterilidad'".

Cuando leemos esta historia de manera casual, tal parecería que el problema simplemente era agua que sabía mal. Sin embargo, cuando vemos con más profundidad, nos damos cuenta de que algo mucho más siniestro y serio está ocurriendo. Cuando Eliseo habla la palabra y sana el agua, él dice, *no saldrá más muerte ni esterilidad*. En otras palabras, el problema no era el agua que sabía mal. El problema era que muerte prematura y esterilidad estaban gobernando a la ciudad. Aunque era un lugar placentero y agradable donde vivir, la gente se moría antes de su tiempo. La palabra *muerte* en el hebreo es *maveth*. Significa morir *natural o violentamente*. La palabra *estéril* en el hebreo es *shakol*. Significa *sufrir un aborto, abortar o lamentar una pérdida*. En otras palabras, el problema en esta ciudad era que los niños estaban muriendo prematuramente por causas naturales pero también por la violencia. ¿Por qué sería esto? La razón era que Josué, 500 años antes, había hecho un voto que creó un pacto con demonios o que les dio a los demonios el derecho legal de destruir. Cuando los israelitas tomaron la tierra, destruyeron a Jericó. En Josué 6:26 vemos que Josué hace que el pueblo haga un voto y jure en cuanto a la reconstrucción de esta ciudad.

*Entonces Josué les hizo un juramento en aquel tiempo y dijo: "Maldito sea delante del Señor el hombre que se levante y reedifique esta ciudad de Jericó. Con la pérdida de su primogénito echará su cimiento, y con la pérdida de su hijo menor colocará sus puertas".*

Hacer un juramento viene de la palabra *shaba* en el hebreo. Significa *hacer un voto y jurar por medio de repetirlo siete veces*. Tal parece que Josué no solo hizo eso, sino que hizo que el pueblo lo repitiera también. Hicieron un pacto. Los demonios se aprovecharon de este pacto. Vemos en 1 Reyes 16:34 que un hombre durante el reinado malvado del rey Acab sí reconstruyó la ciudad. Justo lo que se había decretado y el acuerdo que hicieron sucedió.

*En tiempos de Acab, Hiel de Betel reedificó Jericó. A costa de la vidade Abiram su primogénito puso sus cimientos, y a costa de la vida de su hijo menor Segub levantó sus puertas, conforme a la palabra que el Señor había hablado por medio de Josué, hijo de Nun.*

Este era el cumplimiento de lo que habían acordado por pacto a través de las palabras y los decretos que se hicieron. El problema era que los poderes demoniacos seguían aprovechándose de este pacto. El problema todavía persistía. El decreto en el pacto había sido que niños se morirían si se reconstruía la ciudad. Niños seguían muriendo 550 años después debido a la maldición hablada y establecida por el pacto. Eliseo deshizo la maldición y dejó libre a Jericó y sus habitantes. Fueron liberados de lo que había afligido a esta ciudad por generaciones.

Eliseo hizo tres cosas básicas para sanar las aguas y parar la muerte y el dolor de la pérdida de los niños. Instruyó que pusieran sal en una vasija nueva. Echó la sal en el manantial de las aguas.

Anula pactos y acuerdos

Hizo un decreto de sanidad y de que ya no habría más muerte ni esterilidad. Todos estos se podrían llamar *actos proféticos*. Actos proféticos de hecho pueden ser testimonio que se presenta en los Tribunales del Cielo. Cuando hacemos estas cosas bajo el liderazgo del Espíritu Santo, podemos estar presentando casos en los Tribunales del Cielo. La vasija nueva era una declaración de que lo viejo había pasado y había una transición a lo nuevo. La sal era una declaración y petición de juicio contra la maldición que había estado operando. La declaración de sanidad era Eliseo operando judicialmente y estableciendo el juicio que se había rendido desde los Tribunales del Cielo. Las aguas fueron sanadas y la ciudad quedó libre de la aflicción de una maldición de 550 años.

Al buscar deshacer y revocar cualquier derecho de pacto con los demonios para obrar contra nosotros, lo hacemos a través del arrepentimiento, renunciando, estableciendo a quién pertenecemos, y devolviendo cualquier cosa que los poderes de las tinieblas reclamen que hemos adquirido a través de ellos. Recuerda que la razón por la que se hizo el pacto probablemente fue para conseguir algo. Así que, antepasados mal aconsejados hubieran llevado una ofrenda y hubieran hecho un intercambio con los poderes demoniacos. Hubieran presentado algo de valor sobre algún tipo de altar a cambio de una bendición y empoderamiento. Para deshacer esto legalmente, tenemos que arrepentirnos, renunciar, pero también devolver lo que se ha conseguido. De otra manera, el poder demoniaco reclamará que el pacto sigue vigente. Esto puede causar temor. Podríamos tener temor de que vamos a perder algo a lo cual nos hemos acostumbrado. Sin embargo, tenemos también que darnos cuenta de que toda cosa buena viene del Señor. Así que cualquier cosa que perdamos el Señor restaurará más. La realidad es que muchas veces el diablo tratará de convencernos de que nos dio algo que en realidad es una bendición del Señor. Sin embargo, tenemos que estar dispuestos a orar la oración y devolverlo por razones legales.

A continuación está una oración para romper pactos con los poderes demoniacos en los Tribunales del Cielo.

Al venir y pararme delante de Tus Tribunales, te pido, Señor, que cualquier pacto hecho con poderes demoniacos en mi línea de sangre sea anulado. Claramente declaro que no pertenezco a ellos. He sido comprado con el precio de la sangre de Cristo. Así que, pertenezco a Jesús. Me arrepiento de cualquier actividad, ofrenda, cambio o intercambio que se haya hecho dentro de mi línea de sangre con poderes demoniacos. Pido perdón y que Tu Sangre, Jesús, hable por mí y revoque los resultados de esta actividad. Renuncio cualquier y toda lealtad a estos poderes. No quiero nada con ellos. También devuelvo cualquier beneficio que ellos digan que he adquirido como resultado de este pacto. Solo quiero lo que viene de Jesús y mi unión con Él en mi vida. Solo Él es mi Fuente, Proveedor, Protector, Liberador y Salvador. Solo a Él es mi lealtad y fidelidad. Que todo otro pacto con el poder de las tinieblas sea revocado y anulado en el nombre de Jesús, amén.

Capítulo 15

# Jesús nuestro Abogado

Si hemos de ver el efecto total de los Tribunales del Cielo operando en nuestras vidas, debemos entender el ministerio actual de Jesús en nuestro favor. Dice en 1 Juan 2:1-2 que Jesús está operando y obrando activamente como nuestro abogado e intercesor. Él está parado por nosotros delante del Padre, representando nuestro caso y nuestros reclamos.

*Hijitos míos, les escribo estas cosas para que no pequen. Y si alguien peca, tenemos Abogado para con el Padre, a Jesucristo el Justo. Él mismo es la propiciación por nuestros pecados, y no solo por los nuestros, sino también por los del mundo entero.*

Jesús no solo logró cosas legales por Su obra en la cruz, sino que ahora está operando desde un lugar legal para nosotros hoy. La palabra *abogado* es la palabra griega *parakletos*. Es la misma palabra que Jesús usa para describir al Espíritu Santo como nuestro Ayudador o Consolador. Esta escritura está diciendo que ahora, Jesús desde Su lugar y función celestial también está operando en esta esfera. La palabra significa *intercesor, consolador, abogado, ayuda legal*. Jesús está parado delante del Padre y está representando nuestra causa, caso y reclamo. Le está dando al Padre el derecho legal necesario para permitirnos reclamar todo por lo que Jesús murió para que tuviéramos. Su posición como Abogado está conectado con Su lugar como Sumo Sacerdote, Mediador e Intercesor. Todos estos términos del Nuevo Testamento son similares y reflejan la obra legal actual de Jesús a nuestro favor. Como Sumo Sacerdote, Jesús está ofreciendo y presentando sacrificios que hablan por nosotros delante del Señor. Estos son su propio cuerpo y sangre. Como Mediador, Jesús está quitando todo lo que nos mantendría separados de Dios y nos está trayendo a un lugar de reconciliación. Como Intercesor, Jesús está orando oraciones que son testimonio legal delante del Señor. Estos casos que se están presentando le dan a Dios la base legal para que Su voluntad sea cumplida y completada. Todos estos son muy similares. Si podemos aprender y apreciar todo lo que Jesús está haciendo por nosotros. Podemos estar de acuerdo con ello y recibir un gran beneficio de su actividad actual a nuestro favor.

Como Mediador, Jesús está quitando todo lo que nos mantendría separados de Dios y nos está trayendo a un lugar de reconciliación.

Favor de tener en cuenta que Juan define quién el Señor es como nuestro defensor o abogado delante del Padre. Él es Jesucristo el justo. Cada uno de los tres significa algo. Describen la misma naturaleza y obra de Jesús como el que nos está representando. Como Jesús, Su actividad es permitirnos experimentar Su salvación. El nombre *Jesús* significa *liberar, rescatar*. Jesús vino a salvar a Su pueblo de sus pecados (ver Mateo 1:21). Como nuestro abogado delante del Padre, este es el propósito de Jesús. Está funcionando en Su capacidad de vernos totalmente libres, salvos, sanos y bendecidos como el pueblo de Dios. Él es el Mediador del Nuevo Pacto como vimos anteriormente. Su actividad es llevarnos a entrar plenamente en todo por lo que Él murió para que tuviéramos. La palabra *Cristo* significa el *Ungido*. Esto puede significar que Jesús no solo lleva la unción, que de hecho este es el caso, sino que es el *Designado* de Dios. En otras palabras, que Él es quien Dios ha establecido, a quien Él escuchará y tomará en cuenta. La unción que Él lleva es el resultado de la designación de Dios. Cuando Jesús se para delante del Señor a nuestro favor, Él tiene el derecho de hacerlo. Él ha sido escogido y establecido por Dios para funcionar en este ámbito. Él lleva la unción y la autoridad de Dios para pararse como nuestro Abogado. Él no está buscando hacer algo que Dios no le haya ofrecido o dado. Es por esto que Hebreos 5:4-6 nos dice que Dios Mismo le dio este honor y lugar.

*Nadie toma este honor para sí mismo, sino que lo recibe cuando es llamado por Dios, así como lo fue Aarón.*

*De la misma manera, Cristo no se glorificó a Él mismo para hacerse Sumo Sacerdote, sino que lo glorificó el que le dijo:*
*"Hijo Mío eres Tú,*
*Yo te he engendrado hoy";*

*como también dice en otro pasaje:
"Tú eres sacerdote para siempre
Según el orden de Melquisedec".*

Jesús es el Cristo, el Mesías, el Escogido y establecido por Dios para operar en los cielos por nosotros. Se le ha dado este lugar en nuestro favor. La tercera cosa es *justo*. La justicia es lo que otorga autoridad en el ámbito celestial. Podemos ver esto en Ezequiel 14:4 donde se mencionan a Job, Noé y Daniel. Dice que fueron justos, pero que no tuvieron suficiente justicia para liberar a una nación.

*Y aunque estos tres hombres, Noé, Daniel y Job, estuvieran en medio de ese país, solo ellos se salvarían a sí mismos por su justicia", declara el Señor Dios.*

Su justicia los podía liberar individualmente pero no era lo suficiente para permitir intercesión para salvar a un pueblo. Esto nos dice que la justicia es lo que nos otorga nuestra posición y lugar en el ámbito celestial. Porque Jesucristo es justo, esto dice que Él tiene el derecho de hablar por nosotros y ver a Dios responder. Él vivió una vida perfecta, sin pecado. Él fue completamente obediente a Su Padre. El resultado es que Él tiene un lugar con Dios debido a Su justicia que le permitirá interceder y abogar por nosotros. Lo que Él le pida al Padre, lo recibirá. Cuando Lázaro había muerto y estaba en la tumba, Marta comprendió esto. De hecho, ella tenía conciencia en Juan 11:22 de que Dios le daría a Jesús todo lo que Él quisiera.

*Aun ahora, yo sé que todo lo que pidas a Dios, Dios te lo concederá.*

Esta es una apreciación correcta de la relación y autoridad que Jesús tiene para con el Padre. Esto es debido a Su unión con Dios que es absoluta y completa. La total obediencia de Jesús al Padre le ha permitido tener la posición que ahora tiene por nosotros.

Desde este lugar como ya hemos visto, Jesús está presentando intercesión que en realidad es testimonio delante del Señor. Se puede compartir esta intercesión/testimonio con nosotros a través del ministerio del Espíritu Santo. Nos toca el privilegio y derecho de ser parte de la intercesión actual de Jesús. Como Su cuerpo, funcionamos con Él como la Cabeza para presentar casos en los Tribunales del Cielo. De la unción de la intercesión a través del poder del Espíritu Santo, compartimos en este ministerio alto y excelso.

El otro asunto de suma importancia que quiero mencionar concerniente a este lugar y papel es que nos conectamos con la actividad presente de Jesús por medio de nuestro diezmo. Hebreos 7:8 nos muestra que como creyentes del Nuevo Testamento, cuando traemos nuestros diezmos estamos dando testimonio.

*Aquí, ciertamente hombres mortales reciben el diezmo, pero allí, los recibe uno de quien se da testimonio de que vive.*

La palabra *testimonio* es la palabra griega *martus*. Significa *testimonio judicial* e *informe*. Así que, nuestro diezmo da un testimonio delante de los Tribunales del Cielo. Está hablando a nuestro favor y declarando que creemos que Él vive. No estamos honrando a alguien que está muerto con nuestro diezmo, sino estamos declarando con nuestro diezmo que Él vive. Incluso en el Antiguo

Testamento, en Deuteronomio 26:14 dice que no debían ninguna parte del diezmo a los muertos.

*No he comido de ella estando de luto, ni he tomado de ella mientras estaba inmundo, ni he ofrecido de ella a los muertos. He escuchado la voz del Señor mi Dios; he hecho conforme a todo lo que Tú me has mandado.*

El pasaje del Antiguo Testamento, siendo que era profético, estaba declarando que nuestro diezmo tenía el fin de honrar a Jesús en Su estado vivo como nuestro Intercesor, Mediador, Sumo Sacerdote y Abogado. Habíamos de conectarnos a Su ministerio actual por medio de nuestras ofrendas y nuestros diezmos. Cuando damos testimonio de que creemos que Él vive, de hecho nos estamos conectando con lo que Él actualmente está haciendo por nosotros. Nuestra fe en Su obra en la cruz y resurrección causa que seamos salvos. Nuestro diezmo nos conecta con lo que está haciendo en tiempos presentes como nuestro Abogado. Puedo venir delante de Él y de hecho recordar al cielo acerca de mi diezmo. Puedo pedir, basado en lo que está diciendo, que las oraciones y la actividad de Jesús por mí cumplan su propósito. ¡Estoy unido a Su vida porque mi diezmo está hablando a mi favor!

Una cosa más que quiero señalar concerniente a nuestro diezmo es que lo hacemos como una parte del orden de Melquisedec. Muchos tratan de convencernos de que como creyentes del Nuevo Testamento no necesitamos diezmar. Esto simplemente no es cierto. No diezmamos bajo el sacerdocio levítico. Ya no estamos bajo esta orden. Sin embargo, sí diezmamos bajo la orden de Melquísedec. Esto es claro por las escrituras que hemos visto. Así que, yo no creo que como creyentes del Nuevo Testamento si no diezmamos hay maldición sobre nosotros. Esto es parte de la orden levítica. Sin embargo, sí creo que si no diezmamos, nos perdemos de una bendición. Es posible no estar bajo maldición, pero tampoco tener una bendición. El asunto no es tratar de evitarnos la maldición. El asunto es asegurarnos la bendición del diezmador. La bendición de un diezmador desde la perspectiva del Nuevo Testamento es que está hablando por nosotros y nos está conectando a Su vida presente. Yo no me quiero perder de esto. No tengo miedo de quedar bajo maldición. Me preocupa no recibir la totalidad de la bendición que es mía. Cuando diezmamos bajo la orden de Melquisedec, tenemos lo que está hablando por nosotros. Las oraciones actuales de Jesús se están moviendo en nuestro favor para que veamos victoria. Aquí está una historia verídica para resaltar esto.

> Si no diezmamos, nos perdemos de una bendición.

Estaban teniendo una reunión en un campamento en el interior de México en un lugar desértico. Centenares venían a las reuniones. Como era la costumbre, cavaron un hoyo, lo forraron de plástico, y lo llenaron de agua para bautismos. Los nuevos convertidos entonces se bautizaban durante las reuniones. Un evangelista estadounidense estaba predicando en las reuniones y el pastor responsable por las reuniones estaban traduciendo. El avivamiento había estado en marcha ya por algo de tiempo. Estaban teniendo una reunión por la mañana. Todos estaban en la carpa participando en el servicio. El pastor hospedador tenía un hijito y alguien estaba designado para cuidarlo. De alguna manera, el niño se fue apartó de las personas que lo estaban cuidando sin que se dieran cuenta. Cayó en la pila bautismal y se ahogó. Ya había estado ahí bastante tiempo antes de que lo encontraran, al grado de que su cuerpo había comenzado a hincharse en el calor del sol. Cuando lo encontraron, entraron corriendo a la reunión e interrumpieron el servicio. Por supuesto, el papá se fue corriendo y rápidamente tomó en sus brazos a su hijito muerto. Había una choza en la propiedad cuyas paredes estaban agrietadas, así que se podía asomar por las grietas y ver qué ocurría adentro. El pastor corrió a esta casa y cerró la puerta. Con su pequeñito en brazos, empezó a clamar.

Toda la gente se había salido de la carpa y, aunque apretados, se estaban asomando por las grietas para ver al pastor que cargaba y mecía a su pequeñito, a la vez que clamaba en desesperación. El evangelista estadounidense era uno de los que estaba apretujado entre los demás asomándose desde fuera de la choza. Mientras el pastor clamaba en español, el evangelista le preguntaba a la gente: "*¿Qué está diciendo?*" Le respondieron que el pastor le estaba diciendo a Dios: "Pero Dios, *soy diezmador. Pero Dios, soy diezmador*". De repente, la gloria de Dios llenó la choza. El niño comenzó a toser y escupir. Sus ojos se abrieron y empezó a respirar. Su cuerpecito se encogió a su tamaño normal al resucitarlo Dios de entre los muertos y devolverlo a su papá. Esto sucedió porque este hombre tenía un diezmo que estaba hablando ante los Tribunales del Cielo. Declaraba que él creía que Jesús estaba vivo. La vida de Jesús entró a este pequeñito y le devolvió la vida. ¡Este es el poder de un diezmo que da testimonio a nuestro favor delante del Señor y Sus Tribunales!

Señor, gracias por ser mi Abogado delante del Padre. Lo que pides, Él lo hará por Ti. Gracias que me concedes el derecho de ser una parte de Tu ministerio delante de Él. Gracias que a través del Espíritu Santo me das poder para participar de este ministerio de intercesión. Señor, Te pido que mi diezmo y ofrenda también hablen delante de Ti y causen que me recuerdes. Permite que mis diezmos y ofrendas den testimonio de que creo que Tú vives. Me conecto a esta vida y Tus actividades en ella que se están moviendo a mi favor. Te doy tantas gracias. En el nombre de Jesús, amén.

Capítulo 16

# El Espíritu Santo:
## *Nuestra ayuda legal*

Ya hemos establecido que el Espíritu Santo es el *parakletos*. Él es nuestra ayuda legal que nos está ayudando a movernos en los Tribunales del Cielo. Esto significa que Él nos otorga la sabiduría, el conocimiento y el entendimientos que son necesarios para presentar casos y movernos en este ámbito invisible. Tenemos que aprender a prestar atención a Su dirección y sus perspectivas. Romanos 8:26 nuevamente nos hace saber que el Espíritu Santo nos empodera para orar eficazmente. Esto significa que sin Él, probablemente solo estamos diciendo palabras. Necesitamos Su unción e inspiración para orar eficaz y poderosamente.

*De la misma manera, también el Espíritu nos ayuda en nuestra debilidad. No sabemos orar como debiéramos, pero el Espíritu mismo intercede por nosotros con gemidos indecibles.*

Cuando se trata de la oración, tenemos ciertas debilidades y limitaciones conectadas a nuestra humanidad. El Espíritu Santo nos ayuda a superar estas. Debido a que hay legalidades en el mundo espiritual, es necesario que hagamos peticiones correctamente y de acuerdo con el protocolo. Solo por medio del poder del Espíritu Santo se puede hacer esto. No es suficiente que tengamos un buen corazón y un deseo sano. La manera en que presentemos nuestra petición es esencial para que lleguen las respuestas. Esto no es porque Dios quiere ser difícil. Es porque debemos aprender Sus caminos. El Salmo 103:7 muestra que cuando conocemos los caminos de Dios, o cómo Él hace las cosas, podemos abrir los hechos y las obras del Señor.

*A Moisés dio a conocer Sus caminos,*
*Y a los israelitas Sus obras.*

Los israelitas simplemente fueron los recipientes de las obras milagrosas de Dios. Moisés, por el otro lado, fue instrumental para que estos milagros sucedieran. Esto fue un resultado de que Moisés supiera cómo ser socio con Dios a través de la actividad espiritual. Conocer los caminos de Dios y cómo Él hace las cosas es necesario para que nuestras oraciones sean contestadas. El Espíritu Santo nos ayuda de estas maneras. Como nuestra ayuda legal, Él nos muestra cómo hacer peticiones que permitirán al Señor como juez a juzgar y responder a nuestro clamor. Me contaron una historia verídica de un joven abogado que estaba representando a una familia en una situación en un tribunal natural. Este joven abogado estaba buscando presentar su caso delante de un juez en particular. El abogado se estaba extendiendo mucho en su presentación. El juez escuchó pacientemente por un tiempo. Finalmente, alzó su mano y dijo: "*Joven, por favor, pare*". El joven abogado dejó de hablar lo que parecía ser interminables divagaciones. El juez entonces miró al joven y le dijo: "*Sé lo que estás tratando de hacer, pero me vas a tener que dar una razón*". El juez le estaba diciendo al joven abogado: "*Sé y estoy de acuerdo con lo que quieres, sin embargo, no me has dado o el testimonio o la evidencia que me permitirá rendir ese veredicto*". Esto a menudo es exactamente nuestra situación. Tenemos un deseo, un anhelo, un clamor en nuestro corazón, pero no hemos operado de acuerdo con el protocolo del cielo para que el Señor conteste nuestras oraciones. Esta es la tarea del Espíritu Santo en nuestras vidas. Él está aquí para ayudarnos a saber cómo peticionar al Señor efectivamente para que puedan venir las respuestas. Romanos 8:22-23 nos dice que tenemos las primicias del Espíritu operando con nosotros y en nosotros. El Espíritu Santo de hecho crea gemidos que son una parte necesaria de la intercesión para que Dios conteste.

*Pues sabemos que la creación entera gime y sufre hasta ahora dolores de parto. Y no solo ella, sino que también nosotros mismos, que tenemos las primicias del Espíritu, aun nosotros mismos gemimos en nuestro interior, aguardando ansiosamente la adopción como hijos, la redención de nuestro cuerpo.*

Hay gemidos que están ocurriendo en la tierra. La Creación y la tierra están gimiendo. Nos dicen que sus gemidos están asociados con su deseo de salir de su estado caído y ser libre para poder volver a su estado original. La creación anhela su libertad. De manera parecida, nosotros que tenemos al Espíritu también tenemos un gemido dentro de nosotros. Estamos gimiendo para ser restaurados a nuestro eterno y glorioso lugar y posición donde la muerte no tiene poder sobre nosotros. Esto y la redención de la creación sucederán en la resurrección de los muertos cuando Jesús venga. Ten en cuenta, sin embargo, que esto está conectado a los gemidos y la intercesión del Espíritu Santo a través de nosotros. A veces nuestra presentación delante de los Tribunales del Cielo es intercesión ilógica pero poderosa que ha nacido del Espíritu Santo. En esos momentos, tenemos que dar lugar y espacio para que este clamor de angustia y estos dolores de parto se muevan en nosotros y a través de nosotros. Se están presentando y estableciendo cosas en el mundo espiritual durante estos momentos.

> Estamos gimiendo para ser restaurados a nuestro eterno y glorioso lugar y posición donde la muerte no tiene poder sobre nosotros.

No hay ningún sustituto para estos gemidos que vienen del Espíritu del Señor. Estos gemidos y el clamor de angustia en el Espíritu asociados con ellos pueden lograr lo que las palabras nunca pueden. Estos gemidos son testimonios delante del Señor en nuestro favor. Una victoria que he experimentado ayuda a ilustrar este principio. Hace varios años, después de haber plantado y dirigido apostólicamente una casa local, Mary y yo sentimos claramente la instrucción del Señor de entregar la obra a otros y comenzar a viajar a un nivel del reino. Esto es lo que hicimos por 13 años. Fue un tiempo muy efectivo e impactante.

A unos ocho años de haber iniciado este tiempo para viajar, tuve un sueño. En el sueño, la persona a quien yo le había encargado la obra que Mary y yo habíamos dado a luz vino a verme. Antes de que cuente el resto del sueño, es necesario informarte que esta persona ultimadamente me hizo mucho daño y trajo gran pérdida a nuestras vidas. Puede ser muy destructivo cuando una persona no cuida su corazón. Esta persona, por su ambición egoísta y el rompimiento de pacto, propagó mentiras viciosas acerca de mí en un esfuerzo de apoderarse totalmente de lo que yo le había confiado para que administrara. El resultado fue que Mary y yo perdimos aquello por lo cual habíamos laborado y también sufrimos una gran pérdida de reputación. En lo natural, yo no tenía ni el deseo ni la intención de regresar jamás a este lugar local donde todo esto había ocurrido. Sin embargo, ahora regresemos al sueño.

En el sueño, esta persona de quien he hablado vino conmigo con un documento legal en su mano. Él quería que firmara renunciando a mis derechos y a los derechos de mis hijos a la ciudad. Desperté del sueño sabiendo que Dios me estaba diciendo que yo todavía tenía derechos apostólicos en la ciudad y que no debía renunciar a ellos. También sabía que esto no se trataba de mí, ¡sino de las generaciones venideras!

Detestaba este sueño. Mi actitud hacia esta ciudad era todo menos buena. Después de todo lo que había pasado allí, no tenía ningún deseo de volver a estar allí en ningún nivel. Sin embargo, este sueño no me dejaba en paz. Pasaron varios años. Dios siguió obrando en mi corazón. El resultado fue que Mary y yo tomamos la decisión de regresar a esta ciudad en particular y establecer la sede de nuestro ministerio desde allí. De hecho iniciamos una nueva obra local con nuestros hijos. Todo esto fue un cumplimiento de

CÓMO OPERAR EN LOS TRIBUNALES DEL CIELO

la palabra del Señor acerca de los "derechos" que teníamos en esta ciudad en particular. El problema era que había una clara resistencia en contra de nosotros en esta ciudad. Parecía que nunca podíamos lograr ímpetu. Algo siempre parecía sabotearlo. Yo sabía que había palabras en mi contra en el ámbito espiritual de la ciudad. Yo sabía que las palabras de personas del pasado y presente estaban siendo usadas por el diablo para resistir los propósitos de Dios a través de nosotros. Yo iba a los Tribunales del Cielo. Me arrepentía por cualquier cosa y por todo. Sentí que era relevante. Esto de hecho tenía algunos de los gemidos del mundo Espiritual unido a ello. Sin embargo, nada parecía cambiar.

Una noche en un sueño me encontraba parado en el "tribunal" de esta ciudad. Lo asombroso era que yo nunca me había dado cuenta de que existiera tal lugar en el ámbito espiritual. Yo ahora estaba parado en un tribunal que yo sabía que gobernaba y decidía qué ocurría en esta ciudad en particular. Como un resultado de esto, yo ahora creo que toda ciudad tiene un "tribunal" que toma decisiones judiciales en el mundo espiritual acerca de ese lugar. Al estar parado en los tribunales de esta ciudad, hay un caso en contra de mí. Es lo que me está resistiendo en esta ciudad. Actividad judicial está ocurriendo con respecto a mí y mi lugar en esta ciudad. De repente un hombre joven se para de entre la nube de testigos y da testimonio acerca de mí. Simplemente dice delante de este Tribunal: "Él tiene un buen espíritu". En base a su testimonio, ¡todo caso en contra de mí es descartado! Yo sabía que lo que el diablo había estado usando en mi contra ya no era un problema. Había testimonio hablado a mi favor delante de los Tribunales de esta ciudad que había causado que la acusación en mi contra fuera silenciada. El resultado ha sido que hemos visto nuevos niveles de avance victorioso. Nuestros esfuerzos ahora tienen la libertad de producir fruto para el Reino de Dios. No hay nada que estos principados puedan usar en mi contra.

Recuerdo que cuando se anunció al testimonio de que yo tenía un "buen espíritu" pensé que eso no tenía mucho peso. Sin embargo, el Señor me recordó que cuando se declara que alguien es "bueno" es una declaración muy significante. ¿Recuerdas cuando el joven rico declaró que Jesús era "bueno" en Mateo 19:16-17? La respuesta de Jesús fue sorprendente.

*Y un hombre se acercó a Jesús y le dijo: "Maestro, ¿qué cosa buena haré para obtener la vida eterna?".*

*Jesús le respondió: ¿Por qué me preguntas acerca de lo que es bueno? Solo Uno es bueno; pero si deseas entrar en la vida, guarda los mandamientos".*

Jesús estaba revelando una verdad de que solo Dios en Su naturaleza es "bueno". También estaba dejando saber que si Él era bueno, era porque ¡era Dios! Sin embargo, a nosotros, como los hijos de Dios que somos partícipes de Su naturaleza divina, también se nos puede llamar "buenos". Cuando se dice que alguien es "bueno" es una declaración de que posee la naturaleza de Dios mismo. Esto es lo que ocurre cuando verdaderamente hemos nacido de nuevo. 1 Juan 3:9 nos dice que es imposible que los que tienen la naturaleza de Dios vivan en pecado y sean felices.

*Ninguno que es nacido de Dios practica el pecado, porque la simiente de Dios permanece en él. No puede pecar, porque es nacido de Dios.*

CÓMO OPERAR EN LOS TRIBUNALES DEL CIELO

La semilla o naturaleza de Dios en nosotros no nos permitirá estar contentos viviendo pecaminosamente. Nos obligará a ir a lugares más altos de santidad porque Su naturaleza está en nosotros. Cuando el hombre joven en la Nube de Testigos hizo esta declaración delante de los Tribunales, era todo el testimonio necesario para que los Tribunales decidieran a mi favor. Los resultados han sido avance victorioso en la asignación del reino que me fue dada a mí y a mis hijos dentro de esta ciudad.

Tengo que decir que este encuentro fue precedido por mi propio arrepentimiento, clamor, y mis gemidos que creo que fueron registrados en el cielo. Esto permitió que mi sueño sucediera. Mi caso fue traído delante de los Tribunales de esta ciudad para que yo pudiera ver que no solo la plenitud de mi asignación se cumpliera, sino también para poner en marcha lo que Dios haría para las generaciones venideras.

Una de las cosas principales que yo hice en este proceso fue recordarle a Dios lo que Él había dicho. Al orar antes de este encuentro, yo le recordaba a Dios Su Palabra concerniente a mí y mis hijos. Recuerda que la palabra fue: "No renuncies a tus derechos ni a los derechos de tus hijos a esta ciudad". Yo le decía a Dios y le recordaba que Su palabra era que yo tenía derechos en esta ciudad. Yo hacía petición a Él y a Sus Tribunales en cuanto a esto para mí y mis hijos después de mí. Le recordaba a los Tribunales que esta era la voluntad y el propósito de Dios. Recordarle a Dios lo que Él había dicho es lo que creo que permitió que el proceso judicial que vi y del que formé parte tuviera lugar. El resultado fue el avance victorioso que he descrito y que continúa hasta el día de hoy. ¡Servimos a un Dios y Juez fiel que vindicará a su pueblo ante Él!

Capítulo 17

# Los libros del Cielo

Al aprender a presentar casos en los Tribunales del Cielo, tenemos que aprender a discernir lo que está en los libros del cielo. La idea de libros y/o rollos es esencial para el funcionamiento en los Tribunales del Cielo según Daniel 7:10. No es ningún accidente que la operación de estos Tribunales está asociada con libros que están abiertos.

*Un río de fuego corría,*
*Saliendo de delante de Él.*
*Miles de millares le servían,*
*Y miríadas de miríadas estaban en pie delante de Él.*
*El tribunal se sentó,*
*Y se abrieron los libros.*

El hecho de que el tribunal se sentó significa que se han puesto en orden y están listos para escuchar los casos. Lo siguiente que ocurre es porque los libros están abiertos. Esto es porque los casos que se van a escuchar vienen de estos libros. Esto significa que los casos que el tribunal escucha tienen que originar del cielo. Los casos que se escuchan y deciden en el cielo no se inician en la tierra. Se inician en el cielo. Esto requiere que alguien de la tierra pueda discernir qué está en los libros que están en el cielo. Esto requiere que seamos un pueblo profético. Isaías 29:10-12 muestra que los profetas y videntes son quienes pueden discernir lo que está en los libros del cielo. Si estos libros no están abiertos, las personas proféticas no pueden entender, por muy importantes que sean sus dones.

*Porque el Señor ha derramado sobre ustedes espíritu de sueño profundo,*

*Él ha cerrado sus ojos: los profetas,*

*Y ha cubierto sus cabezas: los videntes.*

*Toda la visión será para ustedes como las palabras de un libro sellado, que cuando se le da al que sabe leer, diciéndole: "Lee esto, por favor";*

*y él dirá: "No puedo, porque está sellado".*

*Entonces el libro será dado al que no sabe leer, diciéndole: "Lee esto, por favor";*

*y él dirá: "No sé leer".*

Aquí, poder o no leer simplemente se refiere al don que una persona profética tendría o no. Básicamente, es que independientemente del don, si los libros no se abren, no hay revelación. Esto significaría que no se podrían presentar casos en los Tribunales del Cielo. Esta es la razón por qué Juan lloró en Apocalipsis 5:1-5 cuando sintió que no había nadie digno de abrir los libros. Esto quiere decir que no cualquiera puede abrir los libros. Tienen que ser estimados en el cielo. Esta puede ser la razón por qué la actividad en los Tribunales parece no funcionar. Los Tribunales solo pueden operar en base a los libros abiertos. Sin embargo, debe haber quienes sean estimados y honrados por el cielo para abrir los libros.

> No cualquiera puede abrir los libros. Tienen que ser estimados en el cielo.

*En la mano derecha de Aquel que estaba sentado en el trono vi un libro escrito por dentro y por fuera, sellado con siete sellos. Vi también a un ángel poderoso que anunciaba a gran voz: "¿Quién es digno de abrir el libro y de desatar sus sellos?".*

*Y nadie, ni en el cielo ni en la tierra ni debajo de la tierra, podía abrir el libro ni mirar su contenido. Yo lloraba mucho, porque nadie había sido hallado digno de abrir el libro ni de mirar su contenido.*

*Entonces uno de los ancianos me dijo: "No llores; mira, el León de la tribu de Judá, la Raíz de David, ha vencido para abrir el libro y sus siete sellos".*

Es obvio que Jesús como el León de Judá tiene el derecho de abrir los libros. Sin embargo, el principio sigue siendo válido: tenemos que estar calificados para poder abrir los libros y así presentar casos de ellos proféticamente. Cada uno de nosotros tenemos un libro en el cielo con nuestro destino profético en él; en otras palabras, por qué estamos vivos en la tierra y cuál es la razón definitiva por la que estamos aquí. Esto se ve en el Salmo 139:15-16 donde David habla de lo que está en el libro del cielo.

*No estaba oculto de Ti mi cuerpo,*
 *Cuando en secreto fui formado,*
 *Y entretejido en las profundidades de la tierra.*
*Tus ojos vieron mi embrión,*
 *Y en Tu libro se escribieron todos*
 *Los días que me fueron dados,*
 *Cuando no existía ni uno solo de ellos.*

David se refiere a este libro como Tu libro. En otras palabras, este es el libro de Dios. Significa que trata con los propósitos de Dios en la tierra. Nosotros estamos aquí para cumplir Sus propósitos para el reino. Toda persona en la tierra tiene algo escrito en Su libro. Todos hemos nacido con un propósito del reino para nuestra existencia, lo cual fue ordenado antes del tiempo. Es nuestra tarea descubrir este mandato y buscar cumplirlo a través del poder que Él nos da. 2 Timoteo 1:9 claramente muestra que se establecieron las cosas antes de que cualquier cosa existiera según como lo conocemos.

*Él nos ha salvado y nos ha llamado con un llamamiento santo, no según nuestras obras, sino según Su propósito y según la gracia que nos fue dada en Cristo Jesús desde la eternidad.*

Observa que según Su propósito y gracia las cosas fueron establecidas en su lugar para nosotros antes de que el tiempo comenzara. Esto significa que antes de que hubiera sol, luna estrellas y cualquier cosa que sepamos acerca de la vida en el universo, Dios había ordenado las cosas concernientes a nosotros. Nos dio propósito y gracia. Propósito es lo que está escrito en el libro mientras que la gracia es el empoderamiento para cumplirlo. El propósito y la gracia no son algo que Él nos da actualmente o que nos dará. Es algo que ya ha sido dada. Esto significa que el propósito y el destino no son algo que nosotros creamos, sino que son algo que descubrimos. Estamos aquí para discernir lo que está en el libro y la gracia asociada con ello. Sea cual sea nuestro propósito, habrá gracia unida a ello. De otra manera, no es nuestro propósito. La gracia unida a ello causará que lo deseemos, que seamos bueno para ello y que tengamos éxito al hacerlo. Es aquello para lo cual Dios nos creó.

Otra cosa acerca de este libro es que no solo es Su libro, es lo que Él vio. Lo que está en este libro es lo que Dios vio acerca de nosotros. Antes de que el tiempo comenzara, Dios miró en el futuro y vio lo que sería. Él ve el fin desde el principio según Isaías 46:9-10. Dios declara cosas que todavía no se ven en lo natural.

*Acuérdense de las cosas anteriores ya pasadas,*
*Porque Yo soy Dios, y no hay otro;*
*Yo soy Dios, y no hay ninguno como Yo,*
*Que declaro el fin desde el principio,*
*Y desde la antigüedad lo que no ha sido hecho.*
*Yo digo: "Mi propósito será establecido,*
*Y todo lo que quiero realizaré".*

Dios tenía un plan para el futuro aun desde tiempos antiguos. Declaró las cosas que sucederían allí. Vio las cosas que serían necesarias para el cumplimiento de Su plan. Algunas de esas cosas éramos tú y yo. Dios pensó y soñó en ti y en mí para satisfacer una necesidad que estaría asociada a Su plan. Él destinó el tiempo cuando naceríamos, la tarea que cumpliríamos y el problema que resolveríamos. Él nos repartió gracia para lograr todo esto. Esto es lo que Él vio. Fue escrito en un libro. Lo que Dios destinó es lo que determina nuestro destino y futuro. Estamos aquí como un cumplimiento de nuestro Dios que ve.

La escritura también dice que mi *embrión* estaba incluido en el libro. Mi embrión aquí se refiere a mi ADN. Es lo que no solo determina mi apariencia física, sino mis intereses, deseos, dones y tendencias. Dios me creó con estos para que yo gravite hacia aquello por lo cual estoy aquí para cumplir. Una de las cosas a las cuales debemos prestar atención son nuestros deseos. Nuestros deseos en un estado redimido serán consistentes con lo que está escrito en el libro. Estos deseos están diseñados para impulsarnos y guiarnos a lo que hemos de lograr. Tantas personas creen que Dios los forzará a hacer algo que no les agrada o que no quieren hacer. Nada pudiera ser más lejos de la verdad. El Señor de hecho nos formó e hizo con lo que nos impulsará a hacer aquello para lo cual fuimos creados a hacer. La mayor satisfacción en la vida se encontrará en cumplir lo que fue escrito en el libro que está en el cielo. Dios obrará en nuestros corazones a medida que nos rindamos a Él. Hay ocasiones cuando alguien no quiere hacer algo para lo cual fueron hechos porque no se han rendido al Señor. Sin embargo, cuando nos sometemos a Él, según Filipenses 2:13, Él produce en nosotros los deseos correctos.

> **La mayor satisfacción en la vida se encontrará en cumplir lo que fue escrito en el libro que está en el cielo.**

*Porque Dios es quien obra en ustedes tanto el querer como el hacer, para Su buena intención.*

El Señor es muy capaz de cambiar nuestro corazón y nuestros anhelos para que estén de acuerdo con el propósito que Él nos ha dado. Esto de hecho me ocurrió a mí. Yo no deseaba estar en el ministerio. No era lo que yo quería. Mas cuando me entregué al Señor, estos anhelos sobrenaturales comenzaron a surgir. Justo lo que yo no quería hacer, comencé a tener un deseo y pasión por ello. Empecé a pedirle al Señor que me permitiera hacerlo. Esto era porque Dios cambió mi corazón cuando me rendí a Él. Esto es porque mi sustancia o lo que me obligaría a hacer Su voluntad estaba escrito en el libro en el cielo. La otra cosa que se encuentra en el libro son los días que me fueron dados. Esto significa cuánto tiempo viviré y qué debo lograr. Dice en Efesios 2:10 que s ciertas obras han sido preparadas para mí durante mi vida y tiempo. Fueron planeadas para mí aun antes del comienzo de los tiempos.

*Porque somos hechura Suya, creados en Cristo Jesús para hacer buenas obras, las cuales Dios preparó de antemano para que anduviéramos en ellas.*

Como hechura de Dios, fui creado para hacer ciertas obras. Esto significa que debo usar mi vida y el tiempo que se me ha dado en esta vida sabiamente. Hay ciertas cosas que me han sido asignadas en mi libro y debo encargarme de que se cumplan. Todos tenemos una cantidad específica de tiempo asignado para nosotros. Debemos usarlo para cumplir con lo que está escrito en el libro acerca de nosotros. Cuando nos paremos delante del Señor en juicio, seremos evaluados sobre cuánto de mi libro cumplí. ¿Hice aquello para lo cual fui enviado y posicionado en la tierra? Esta será la pregunta. Incluso Jesús tuvo un libro que tenía que cumplir en Su vida. Hebreos 10:5-7 nos dice que la pasión del Señor era satisfacer lo que se había escrito en Su libro.

*Por lo cual, al entrar Cristo en el mundo, dice:*
*"Sacrificio y ofrenda no has querido,*
*Pero un cuerpo has preparado para Mí;*
*En holocaustos y sacrificios por el pecado no te has complacido.*
*Entonces dije: "Aquí estoy, Yo he venido*
*(En el rollo del libro está escrito de Mí)*
*Para hacer, oh Dios, Tu voluntad"".*

Jesús dijo que el cuerpo que le fue provisto fue para que pudiera ser sacrificado como un cumplimiento de todos los bueyes y chivos que se habían ofrecido durante el milenio. Todo lo que habían profetizado del cuerpo de Jesús en la cruz se había cumplido. Sin embargo, Su cuerpo también fue para que Él pudiera vivir en la tierra y cumplir lo que estaba escrito en el libro del cielo. Jesús claramente dijo que Él tenía un cuerpo preparado para Él para hacer, *oh Dios, Tu voluntad.* Esta es la razón que nosotros tenemos un cuerpo también. Se nos ha dado un cuerpo para vivir en la tierra para que podamos cumplir lo que se ha escrito acerca de nosotros en el cielo. Tenemos que ser buenos mayordomos de nuestro cuerpo y nuestro tiempo aquí para que seamos hallados fieles a lo que se ha escrito acerca de nosotros. 1 Pedro 4:1-2 nos exhorta a usar nuestro tiempo sabiamente. Hemos de usarlo para cumplir totalmente la voluntad de Dios designada para nosotros.

*Por tanto, puesto que Cristo ha padecido en la carne,*
*ármense también ustedes con el mismo propósito, pues*
*quien ha padecido en la carne ha terminado con el pecado,*
*para vivir el tiempo que le queda en la carne, ya no para las*
*pasiones humanas, sino para la voluntad de Dios.*

Hemos de tener la mentalidad correcta hacia la vida y su propósito. Toma nota de que sufrir en la carne es cuando le decimos no al pecado y sí a la voluntad de Dios. Al hacer esto, estamos usando nuestro tiempo aquí para hacer la voluntad de Dios y no perseguir las pasiones de la carne. Esto nos permitirá completar lo que está escrito acerca de nosotros en el cielo.

El diablo no quiere que vivamos todo lo que está escrito acerca de nosotros en los libros del cielo. Esto es porque lo que está escrito acerca de nosotros en el cielo está conectado con los propósitos generales de Dios. Si él puede impedirnos obtener lo que está escrito acerca de nosotros en el cielo, puede frustrar cuando menos una porción del plan de Dios. Esto es lo que él buscaba hacer con Pedro en Lucas 22:31-32.

*"Simón, Simón, mira que Satanás los ha reclamado a ustedes para zarandearlos como a trigo; pero Yo he rogado por ti para que tu fe no falle; y tú, una vez que hayas regresado, fortalece a tus hermanos".*

La palabra *reclamado* es la palabra griega *exaiteomai*. Literalmente significa *demandar para juicio*. Satanás tiene un entendimiento de lo que Dios planea hacer con y a través de Pedro. Tiene conciencia de lo que está escrito en el libro acerca de él. Su estrategia es parar esto y llevar a Pedro a juicio en los Tribunales del Cielo. Esta es una de las razones principales por la actividad judicial en el cielo. Es para impedirnos legalmente cumplir con lo que se ha escrito acerca de nosotros. Satanás está reclamando que tiene un caso contra Pedro que le negará obtener lo que se ha escrito acerca de él. Sin embargo, Jesús declara que Él había orado por Pedro. Jesús había entrado a los Tribunales del Cielo y había deshecho el caso contra Pedro. Le aseguró a Pedro que la victoria se había ganado y que él conseguiría lo que estaba escrito en su libro. Esto de hecho sucedió. Pedro cambió el curso de la historia. Fue usado dinámicamente por Dios. Su vida hizo daño masivo a los propósitos de los poderes de las tinieblas. Satanás intentó parar esto por medio de gestiones jurídicas en los Tribunales del Cielo. Sin embargo, Jesús abogó por el caso de Pedro y ganó.

Es importante saber que Jesús hizo esto como un hombre mortal, no como Dios. Esto no fue un resultado de un lugar especial que Jesús tenía con Dios porque Él era Dios. Él no hizo esto como Dios, sino como un hombre lleno de Dios. Si hizo esto como Dios, entonces nos la llevaríamos de perder. Esto significaría que los Tribunales del Cielo están fuera de nuestros límites. Nosotros no somos Dios. Si Él hizo esto como un hombre lleno de Dios a través del poder del Espíritu Santo, entonces es accesible para nosotros también. Esto de hecho ocurrió. Así como Jesús se paró y abogó por el caso de Pedro, nosotros también podemos pararnos en los Tribunales y abogar por nuestro caso y aun los casos de otros. Podemos pedir el cumplimiento de lo que está escrito en nuestros libros. Podemos responder a las acusaciones que vengan y pedir que sean desechadas. Podemos ganar el caso y ver los propósitos de Dios dentro de los libros del cielo satisfechos. Pedro todavía pasó por un tiempo de prueba aun después de que Jesús ganara el caso en los Tribunales del Cielo. Todavía negaría al Señor y lucharía con la fidelidad. Mas cuando todo estaba dicho y hecho, Pedro cumpliría aquello que se le había asignado y que estaba ordenado para él. La actividad de Jesús en los Tribunales del Cielo a su favor aseguró la victoria final aunque hubo luchas para llegar a ese punto. Debemos saber que simplemente porque se han rendido decisiones en los Tribunales del Cielo no significa que ya no habrá más luchas. Simplemente significa que la victoria es segura. ¡Los derechos legales del diablo han sido revocados y el derecho a tener lo que está en los libros está asegurado!

> Simplemente porque se han rendido decisiones en los Tribunales del Cielo no significa que ya no habrá más luchas. Simplemente significa que la victoria es segura.

Al estar parados delante de Tus Tribunales, Señor, hacemos petición en base a lo que está escrito en nuestros libros. Que seamos hallados dignos de ver el libro abierto y discernir lo que se ha escrito proféticamente acerca de nosotros. Que toda queja legal en contra de nosotros por parte del adversario sea revocada, silenciada y anulada. Que veamos el cumplimiento de todo lo que está escrito en el libro para que sea realidad. Pedimos que Tu sangre hable por nosotros y que seamos calificados no solo para percibir lo que está en el libro, sino para verlo llegar a suceder. En el nombre de Jesús, amén.

Capítulo 18

# ACCEDE A LOS TRIBUNALES POR FE

MUCHAS personas luchan para creer que pueden operar funcionalmente en los Tribunales del Cielo. Creen que tienen que ser alguien especial con un don profético especial. Esto no es cierto. Después de años de enseñar y funcionar en los Tribunales del Cielo, he llegado a la conclusión de que operar en los Tribunales del Cielo es para todos independientemente de su don profético o fuerza lo profético. Es verdad que ciertas personas dotadas pueden ayudar, pero no son necesarias. En algunos de mis libros anteriores, inadvertidamente dejé la idea de que alguien necesitaba un don de vidente para poder funcionar a un alto nivel delante de los Tribunales del Cielo. Ya no creo esto. Esto pondría a muchas personas en una desventaja y exaltaría el don de vidente a un nivel de importancia que no es bueno. Cualquier cosa que cause que dependamos de cierta persona o ciertas personas para nuestra victoria no es espiritualmente sano. Creer y aprender que Dios nos ha hecho a cada uno de nosotros con las capacidades que necesitamos para nuestro avance o victoria es esencial. Si creo que necesito a alguien más además de Jesús para ayudarme a encontrar mi milagro, entonces tengo la perspectiva errónea. Probablemente he desarrollado pereza espiritual que necesito vencer para poder funcionar en los Tribunales del Cielo. Pude haber concluido que es más de lo que soy capaz y por eso necesito que alguien lo haga por mí. Sí creo que puede ser útil que las personas se pongan de acuerdo. Mateo 18:19 claramente dice que hay poder cuando unimos nuestros corazones y nuestra fe con otros.

*Además les digo, que si dos de ustedes se ponen de acuerdo sobre cualquier cosa que pidan aquí en la tierra, les será hecho por Mi Padre que está en los cielos.*

Podemos y debemos tomar parte en unirnos con otros en oración. Sin embargo, cuando creo que hay algo que no puedo acceder sin cierto tipo de persona, eso es un pensamiento erróneo. He concluido que si hubiera algo inaccesible para mí por no tener a una persona proféticamente dotada, esto sería injusto. O la sangre de Jesús hace que estos ámbitos sean accesibles o no lo hace. Yo estoy seguro de que sí lo hace. Todos podemos por fe entrar a los Tribunales y tener una audiencia con el Juez de Todos.

> O la sangre de Jesús hace que estos ámbitos sean accesibles o no lo hace. Yo estoy seguro de que sí lo hace.

Al mirar y considerar toda esta escena, encontré otra cosa muy interesante. Por más que quedé impresionado inicialmente con estos dones poderosos de vidente, descubrí que recibía más avance y victoria al hacer las cosas por fe. Para mí esa es la prueba del ácido. ¿Cambia algo en el ámbito natural debido a lo que estamos haciendo en lo espiritual? Observé mientras estos dones de vidente veían ángeles, la nube de testigos, y acciones celestiales tomar lugar en conexión con la operación en la Sala de Tribunales. El problema era que nada cambiaba después de que todo eso terminara. Yo sabía que algo no estaba funcionando correctamente. Comencé a solo hacer las cosas por fe en los Tribunales del Cielo. Ante mi asombro, hubo avances y victorias. Yo estaba recibiendo más resultados sustanciales por medio de hacer las cosas por fe que lo que se lograba con las personas proféticas de mucho poder. Permíteme ser claro aquí. No estoy en contra de los videntes, las personas proféticas y su operación. Son una parte necesitada del cuerpo de Cristo. Simplemente creo que tendemos a exaltarlos de más en ocasiones. En vez de pasar tiempo desarrollando nuestra propia relación y nuestras propias habilidades en el Señor, corremos a ellos. Esto nunca puede tomar el lugar de nuestra propia operación por fe delante del señor.

Entonces, ¿cuál es el secreto para funcionar ante los Tribunales del Cielo y ver las oraciones contestadas y los resultados revelados? Quiero dar algunas ideas. Lo primero es que nada puede tomar el lugar de una historia con Dios. Muchas personas se quieren acercar a los Tribunales del Cielo como una forma nueva y novedosa de orar que mágicamente obtiene resultados. Esto será contraproducente y no producirá los resultados que estamos buscando. Cuando Jesús enseñó acerca de la oración en el sistema judicial en Lucas 18:1-8, reveló un secreto para conseguir que se rindan decisiones a nuestro favor. En particular en los versículos 6-8, Jesús hace declaraciones que muestran una poderosa verdad que necesitamos acoger.

> *El Señor dijo: "Escuchen lo que dijo el juez injusto. ¿Y no hará Dios justicia a Sus escogidos, que claman a Él día y noche? ¿Se tardará mucho en responderles? Les digo que pronto les hará justicia. No obstante, cuando el Hijo del Hombre venga, ¿hallará fe en la tierra?".*

Jesús dijo que Dios como el máximo Juez de Todos rendiría decisiones para Sus *escogidos*. Ya vimos esto anteriormente. Sin embargo, vale que lo repitamos. Los Tribunales del Cielo son para nosotros como Sus creyentes. Es el lugar donde encontraremos alivio del asalto demoniaco basado en los reclamos legales del diablo. Este Tribunal está diseñado para tomar a satanás y sus fuerzas delante del Tribunal del Cielo y ver que todo lo que Jesús ha hecho se establezca y haga cumplir en contra de ellos. Somos los electos y escogidos de Dios. Toma nota de que los escogidos claman a Él día y noche. Esto significa que tienen la historia con Dios de la cual he hablado. No se están acercando a los Tribunales del Cielo con la idea de que es una fórmula o método por medio del cual pueden conseguir victoria. Tienen una vida habitual de oración que les concede estatus en los cielos. ¡Claman día y noche! La verdad es que la mayoría de las personas no tienen esto. David dijo delante del Señor en el Salmo 5:1-3 que su voz sería escuchada perpetuamente delante del Señor de mañana.

*Escucha mis palabras, oh Señor;*
*Considera mi lamento. Atiende a la voz de mi clamor, Rey*
*mío y Dios mío,*
*Porque es a Ti a quien oro.*
*Oh Señor, de mañana oirás mi voz;*
*De mañana presentaré mi oración a Ti,*
*Y con ansias esperaré.*

David hizo un compromiso con el Señor de que cada mañana su voz sería escuchada delante del Señor. Toma nota de que dice *esperaré*. Hay algo que permite que la fe surja cuando venimos habitualmente delante del Señor de día y de noche. Causa que se encienda fe que conmoverá nuestro corazón. Además, nos da una historia con Dios. Dios conoce nuestra voz. David declaró que su voz sería escuchada delante del Señor. Hay dos palabras que caracterizaban la voz al clamar él al Señor por la mañana. Primero David dijo: *"Escucha mis palabras"*. La palabra *"palabra"* en el hebreo es *emer*. Significa *algo dicho, una respuesta*. David está diciendo que al ser escuchada su voz delante del Señor, será *él respondiendo al Señor*. Tenemos que entender que la oración es nuestra respuesta al mover del Espíritu del Señor. Cuando oro, dependo de la unción del Espíritu Santo. Estoy orando desde Su fuerza y poder. Si pensamos que la oración es algo que nosotros iniciamos, entonces todavía no entendemos Su poder. La verdadera oración es lo que se está moviendo a través de nosotros por el Espíritu de Dios. Estamos respondiendo con nuestras palabras lo que el cielo está originando. Esto es lo que hace que la oración sea tan gratificante y significante. La otra palabra que David usó fue *lamento*. Es la palabra hebrea *hagiyg*. Significa *murmurar, una reflexión*. Esta es la misma palabra que se usa en Josué 1:8 cuando Dios le dijo a Josué que meditara en la ley del Señor de día y de noche.

*Este libro de la ley no se apartará de tu boca, sino que meditarás en él día y noche, para que cuides de hacer todo lo que en él está escrito. Porque entonces harás prosperar tu camino y tendrás éxito.*

Él debía hablar la Palabra de Dios sobre su vida de día y de la noche. La debía murmurar a sí mismo. Este es el único lugar donde se nos ha dado el derecho de murmurar. Podemos murmurar la Palabra de Dios a nosotros mismos y a Dios. Cuando hacemos esto, estamos desarrollando una historia con Dios. Estamos cumpliendo con los criterios que Jesús estableció para los escogidos. Estamos clamando al Señor de día y de noche.

La escritura en Lucas dice que si clamamos a Él de día y de noche como Juez, *pronto nos hará justicia*. Se hacen decisiones a nuestro favor pronto cuando tenemos un estatus con Dios porque se ha escuchado nuestra voz. Debemos desarrollar este lugar con el Señor. Debemos por fe pasar tiempo en Su presencia y permitir que nuestras palabras sean escuchadas al responder al mover del Espíritu de Dios y murmurar Sus palabras sobre nosotros. Lo que capturó mi atención concerniente a los Tribunales del Cielo fue lo pronto que llegó la respuesta. Años de orar no habían logrado que ocurriera nada. Como compartí previamente, sin embargo, cuando entré por fe a los Tribunales del Cielo bajo la dirección del Espíritu Santo, ocurrió una victoria inmediata. Le pregunté a alguien que tenía consciencia de los Tribunales del Cielo por qué esto me había ocurrido mientras que otros parecían luchar para conseguir respuestas incluso desde los Tribunales.

Su respuesta fue reveladora. Dijo: "Porque habías hecho el trabajo". Consideré su respuesta y pensé que esto era exactamente lo que Jesús dijo. Si le hemos clamado de día y de noche, hemos pasado tiempo en Su presencia haciendo el trabajo. No hay sustituto para esto. Yo no quiero desanimar a nadie que no ha sido fiel en hacer esto. Mi amonestación sería comienza ahora. Dios honrará tu fe, tu obediencia y tu compromiso. Él verá desde el cielo y te recompensará abiertamente. Esta es la promesa de Su Palabra.

> Nada sustituye a *hacer* el trabajo.

Cuando hablo de hacer cosas por fe en los Tribunales del Cielo, a lo que me refiero es creer lo que Dios ha dicho. Veo en la Palabra de Dios los lugares, los principios y las prácticas conectadas a los Tribunales del Cielo. Así que, pongo mi corazón y mis movimientos para entrar a estos. Confío que a medida que me mueva, el Espíritu Santo va a ayudar mis debilidades. Esto es lo que Él ha prometido hacer. Esto es lo que perpetua y consistentemente ha sido mi experiencia. Cuando me siento inseguro o incluso tengo temor, el Espíritu Santo ha venido a mi rescate y me ha empoderado. Al Señor le encanta cuando ponemos nuestra confianza en Él en nuestros lugares de debilidad. Al entrar a estos lugares por fe, debemos sabe que somos más proféticos de lo que podemos imaginar. A veces exaltamos a estas personas con fuertes dones proféticos. Casi los deificamos como si no fueran humanos. La verdad es que sin duda son de carne y sangre. Debemos saber que compararnos con ellos y sus dones no obra para nuestro bien de manera alguna. ¡2 Corintios 10:12 dice que no hagamos esto!

*Porque no nos atrevemos a contarnos ni a compararnos con algunos que se alaban a sí mismos. Pero ellos, midiéndose a sí mismos y comparándose consigo mismos, carecen de entendimiento.*

Si nos dejamos llevar por toda esta situación de buscar ser los mejores y mayores, no produce nada bueno. No debemos medirnos conforme al don de otra persona. Debemos estar agradecidos por los dones que tenemos y desarrollar y utilizarlos. Me he hecho consciente de esto. Yo necesito ser Robert Henderson y usar los dones que Dios me ha dado. Esto es lo que edificará al cuerpo de Cristo y hará espacio para mí. Es lo mismo para ti. Deja de tratar de ser alguien más y sé libre para ser tú. Hay dones en ti que son necesarios para tu futuro y para bendecir a otros. Así que ¡deja de estar tan impresionado con lo que otra persona es que no puedas ver quién eres tú!

Habiendo dicho esto, debemos darnos cuenta de que si el Espíritu Santo mora en nosotros, tenemos una naturaleza profética. Esto es porque el Espíritu Santo por naturaleza es profético.

Juan 16:13 nos dice que el Espíritu Santo hablará lo que escucha y nos dirá proféticamente lo que habrá de venir.

*Pero cuando Él, el Espíritu de verdad venga, los guiará a toda la verdad, porque no hablará por Su propia cuenta, sino que hablará todo lo que oiga, y les hará saber lo que habrá de venir.*

La escritura nos deja saber que el Espíritu Santo creará dentro de nosotros una naturaleza y habilidades proféticas. Si el Espíritu Santo habita en nosotros, significa que tenemos capacidades proféticas. Una de las razones que no operamos en estos ámbitos es porque no nos hemos tomado el tiempo y el esfuerzo para desarrollarlos. Cualquier don que recibamos está en forma de semilla. Depende de nosotros cultivar, hacer crecer y administrarlo hacia la grandeza. Hebreos 5:14 nos dice que tenemos sentidos espirituales así como sentidos naturales. Tenemos que aprender a usarlos para que podamos funcionar eficazmente en el mundo espiritual.

*Pero el alimento sólido es para los adultos, los cuales por la práctica tienen los sentidos ejercitados para discernir el bien y el mal.*

Los sentidos de los cuales se hablan aquí son habilidades proféticas. Así como tenemos los cinco sentidos naturales del tacto, olfato, gusto, oído y vista, también tenemos cuando menos cinco sentidos correlativos. Usamos nuestros sentidos naturales para funcionar en el mundo natural. Debemos usar estos sentidos espirituales para funcionar en el mundo invisible. Esto es imperativo al buscar funcionar en los Tribunales del Cielo. Debemos estar abiertos a operar en todos estos sentidos. Puede que uno o dos sean más fuertes que otros, pero todos son para nosotros. Por ejemplo, yo tiendo a sentir (el tacto) y oír más que los otros tres. Definitivamente veo en ocasiones y he olido y probado también. Cuando busco operar en los Tribunales del Cielo, me abro por fe para usar estos sentidos. Presto atención a pensamientos que vienen a mi espíritu/cerebro. Presto atención a las imágenes que puedan desarrollarse en mi cerebro. Presto atención a la manera en que me siento y las palabras que esos sentimientos producen. Presto atención incluso a olores que no están conectados a mi entorno. Presto atención aun a sabores que pudiera percibir en mi boca. Todos estos pueden ser impresiones por parte del Espíritu Santo y nos ayudan a maniobrar en el mundo espiritual, pero especialmente en los Tribunales del Cielo.

Ten en cuenta que estos se desarrollan por medio del esfuerzo de usarlos. Esto es donde debemos sacudirnos de la pereza espiritual e incluso de las mentiras que hemos creído. El diablo trata de venir y plantar mentiras en tu corazón de que no puedes hacer esto. Si eso fuera cierto, entonces la Palabra de Dios no sería verdad. Hemos recibido el Espíritu del Señor y tenemos una unción. Esto nos dará el poder de navegar en el ámbito invisible de los Tribunales del Cielo. Puede que yo no visite el cielo. Puede que yo no vea ángeles. Puede que yo no me encuentre con la nube de testigos. Sin embargo, puedo tomar los dones que se me han dado y la gracia de Dios asociada con ellos y operar en los Tribunales del Cielo. Puedo presentar casos en los Tribunales y ver venir las victorias. Todo lo que Jesús ha hecho y está haciendo está obrando a mi favor. El Espíritu Santo me está ayudando. Se me ha concedido entrada a Sus Tribunales por Su sangre. Rehúso permitir que las mentiras del diablo me mantengan apartado de un lugar que es mío por derecho. Te quiero animar a hacer lo mismo. Permite que la fe surja en tu corazón. Todo lo que necesitas, ya lo tienes. ¡Cree y entra a los Tribunales del Cielo y presenta tu caso!

> Los sentidos espirituales se pueden desarrollar por medio del esfuerzo de usarlos.

Al venir y pararme delante de Tus Tribunales, Señor, te pido que yo pueda moverme por fe delante de Ti. Pido la ayuda del Espíritu Santo para que me empodere al presentar mi caso delante de Ti. No haces acepción de personas. No muestras parcialidad. Quien obra en justicia y decide en su corazón hacer Tu voluntad, Señor, recibirá. Gracias por ayudarme en mi debilidad al presentar yo mi caso delante de Ti por fe. Tomo el lugar que se me ha concedido por la sangre de Jesús. En el nombre de Jesús, amén.

Capítulo 19

# SÉ SOCIO CON DIOS EN LOS TRIBUNALES DEL CIELO

EL Señor nos necesita. Puede parecer una afirmación orgullosa o arrogante, pero es cierto. Así como Jesús en Mateo 21:2-3 envió a Sus discípulos a conseguir un asna que Él necesitaba para Su entrada a Jerusalén, Dios nos necesita a nosotros.

*Diciéndoles: "Vayan a la aldea que está enfrente de ustedes, y enseguida encontrarán un asna atada y un pollino con ella; desátenla y tráiganlos a Mí. Y si alguien les dice algo, digan: "El Señor los necesita"; y enseguida los enviará".*

Jesús tuvo que entrar a Jerusalén montado en un asna a fin de cumplir la palabra profética. En Zacarías 9:9. El profeta había hablado de que el Rey/Mesías entraría de manera humilde, montado en un pollino.

*¡Regocíjate sobremanera, hija de Sión!*
*¡Da voces de júbilo, hija de Jerusalén!*
*Tu Rey viene a ti,*

> *Justo y dotado de salvación,*
> *Humilde, montado en un asno,*
> *En un pollino, hijo de asna.*

Jesús, al enviar a Sus discípulos, les estaba permitiendo tener una parte en el cumplimiento de esta palabra profética. Hay muchas cosas proféticas que se tienen que cumplir. Dios necesita que nosotros seamos parte de este proceso. Hechos 3:19-21 nos dice que tiene que haber una restauración de todas las cosas. Para que esto ocurra, Dios debe tener un pueblo con quien asociarse.

> *Por tanto, arrepiéntanse y conviértanse, para que sus pecados sean borrados, a fin de que tiempos de alivio vengan de la presencia del Señor, y Él envíe a Jesús, el Cristo designado de antemano para ustedes. A Él el cielo debe recibir hasta el día de la restauración de todas las cosas, acerca de lo cual Dios habló por boca de Sus santos profetas desde tiempos antiguos.*

El cielo está reteniendo a Jesús hasta los tiempos de restauración de los cuales hablaron los profetas. Esto significa que la palabra profética tiene que cumplirse. Dios necesita tener un pueblo con quienes operar para que esto ocurra. Cuando menos una parte de este cumplimiento profético depende de nuestra operación en los Tribunales del Cielo. Vemos esto en Isaías 43:25-28, donde literalmente el destino de una nación está en juego porque el pueblo de Dios ha perdido sus derechos en los Tribunales.

*Yo, Yo soy el que borro tus transgresiones por amor a Mí mismo,
Y no recordaré tus pecados.
Hazme recordar, discutamos juntos nuestro caso;
Habla tú para justificarte.
Tu primer padre pecó,
Y tus voceros se rebelaron contra Mí. Por tanto, profanaré a los príncipes del santuario,
Y entregaré a Jacob al anatema y a Israel al oprobio.*

Toma nota de que Jacob es entregado al *anatema* mientras que Israel al *oprobio*. Esto es porque el pueblo ha perdido su derecho de pararse en los Tribunales del Cielo. No se les está permitiendo presentar casos a causa del *pecado del primer padre* y las *transgresiones de sus voceros*. El *pecado del primer padre* se refiere a los problemas en la línea de sangre. El diablo está usando esto como un derecho legal para prohibirles que entren a los Tribunales y presenten un caso por su nación. Las *transgresiones de los voceros* se refiere a que aquellos a quienes se les había dado el derecho de presentar casos han perdido ese derecho a causa de su propia transgresión, rebelión y pecado. El diablo entonces estaba reclamando un derecho legal de enviar maldiciones. Las maldiciones siempre son el resultado de terreno legal que el diablo reclama tener. Dios necesita un pueblo que se pare en Sus tribunales y revoque y quite ese reclamo legal a nombre de la nación. El *oprobio* sobre una nación significa que las acusaciones que el enemigo está trayendo delante de los Tribunales del Cielo en contra de una nación pueden permanecer. En otras palabras, lo que él dice que tiene derecho a hacer en contra de esa nación, no hay manera legal de pararlo. Esto es porque

Dios necesita un pueblo que se haga socio con Él en los Tribunales del Cielo. Esto es desde a nivel personal hasta nivel nacional. Sin embargo, el Señor ha establecido una forma en que podamos calificarnos para pararnos y tratar con los pecados y las transgresiones del primer padre que nos están negando el derecho de presentar un caso. Él declaró que Él nos perdonaría y limpiaría por amor a Sí mismo. En otras palabras, Dios no simplemente nos perdona porque nos ama, aunque esto es cierto. Nos perdona porque nos necesita. Necesita que seamos socios con Él para que pueda ver que Su pasión sea cumplida y que Su voluntad sea hecha en la tierra. Él nos necesita para ver la restauración de todas las cosas de las cuales han hablado los profetas. Él necesita un pueblo que pueda tomar la palabra profética de Dios y reclamarla en Sus Tribunales. Cuando hacemos esto, estamos presentando un caso que permitirá al Señor cumplir Su Palabra.

> Dios necesita un pueblo que se pare en Sus Tribunales y revoque y quite ese reclamo legal en favor de una nación.

Vemos una demostración de esto en Zacarías 3:1-10 donde Josué el Sumo sacerdote está vestido de ropas sucias. El resultado de que sus ropas sean sucias es que ha perdido el derecho de representar una nación delante del Señor. Esta era la tarea del Sumo Sacerdote. Él debía pararse en favor de Israel para conseguir misericordia, perdón, futuro y destino para ellos. Sin embargo, debido a su impureza, no hay nadie que pueda hacer esto. El resultado fue que el tiempo de restauración quedó totalmente paralizado. Dios tuvo que remediar esta situación. Trajo limpieza, perdón y restauración a Josué. El derecho de presentar casos en los Tribunales del Cielo fue restaurado.

*Entonces me mostró al sumo sacerdote Josué, que estaba delante del ángel del Señor; y Satanás estaba a su derecha para acusarlo. Y el ángel del Señor dijo a Satanás: "El Señor te reprenda, Satanás. Repréndate el Señor que ha escogido a Jerusalén. ¿No es este un tizón arrebatado del fuego?".*

*Josué estaba vestido de ropas sucias, en pie delante del ángel. Y este habló, y dijo a los que estaban delante de él: "Quítenle las ropas sucias".*

*Y a él le dijo: "Mira, he quitado de ti tu iniquidad y te vestiré con ropas de gala".*

*Después dijo: "Que le pongan un turbante limpio en la cabeza". Y le pusieron un turbante limpio en la cabeza y le vistieron con ropas de gala; y el ángel del Señor estaba allí.*

*Entonces el ángel del Señor amonestó a Josué, diciendo: "Así dice el Señor de los ejércitos: 'Si andas en Mis caminos, y si guardas Mis ordenanzas, también tú gobernarás Mi casa. Además tendrás a tu cargo Mis atrios y te daré libre acceso entre estos que están aquí. Escucha ahora, Josué, sumo sacerdote, tú y tus compañeros que se sientan ante ti, que son hombres de presagio, pues Yo voy a traer a Mi siervo, el Renuevo. Porque la piedra que he puesto delante de Josué, sobre esta única piedra hay siete ojos. Yo grabaré una inscripción en ella', declara el Señor de los ejércitos, 'y quitaré la iniquidad de esta tierra en un solo día. Aquel día', declara el Señor de los ejércitos, 'convidarán cada uno a su prójimo bajo su parra y bajo su higuera'".*

El resultado fue que todo lo que Dios tenía destinado para Israel fue permitido y asegurado. Esto no se puedo haber hecho sin que se hubiera restablecido a Josué el Sumo Sacerdote en su lugar de función.

Dios nos necesita. Somos críticos para Sus propósitos. Él vendrá y causará que cualquier y toda descalificación sea revocada. Él nos cederá el derecho de pararnos y representar nuestras propias vidas, familias y asignaciones que tenemos por parte de Él en Sus Tribunales. El resultado será que se revocarán maldiciones y se quitarán los reproches. Eso que ha acosado y ha buscado parar el propósito de Dios será juzgado.

El aliento por parte del Señor es que tomemos nuestro lugar. No permitas que un sentido de ser indigno o sentido de culpa te mantenga fuera de los Tribunales del Cielo. Eso es exactamente lo que el diablo desea. Ven delante del Señor y permite que la sangre de Jesús te limpie y lave completamente. Perdónate aun así como el Señor te ha perdonado. Suelta el pasado y abraza el futuro para el cual Dios te ha creado. Somos necesarios para los propósitos de Dios. Al asociarnos con Él, así como Él se asocia con nosotros, veremos que se rendirán veredictos, se establecerán los veredictos, y la voluntad de Dios será hecha.

> No permitas que un sentido de ser indigno o sentido de culpa te mantenga fuera de los Tribunales del Cielo.

Señor, al venir delante de Tus Tribunales, gracias por el inmenso privilegio y honor de ser socio contigo. Estoy consciente de que Tú has escogido permitirnos tener esta alta posición y lugar. Pido que toda palabra contra mí sea ahora revocada y anulada por la voz de Tu sangre. Permíteme ocupar mi lugar de acuerdo contigo y ser socio para ver que Tu voluntad sea hecha. En el nombre de Jesús, amén.

Capítulo 20

# Aplicación Práctica

PROBABLEMENTE la pregunta que me hacen con mayor frecuencia es ¿*cómo* puedo funcionar en los Tribunales del Cielo en el sentido práctico? Mi primera respuesta es *por fe*. He llegado a darme cuenta de que esta declaración sencilla es muy intimidante para muchas personas. Se sienten completamente inadecuados para hacer esto. Se ven como demasiado naturales o carnales para entrar a una dimensión espiritual y operar allí. Esto es innecesario. De lo que las personas no se dan cuenta es que son más espirituales de lo que creen. Encerrado dentro de ellos se encuentra una parte espiritual de ellos que está listo y dispuesto a funcionar. Con esto en mente, quiero animar a las personas a tomar las oraciones en este capítulo y orarlas con una mente y un corazón abiertos. Al orar, permite al Espíritu Santo moverse en ti y a través de ti. Creo que te asombrarás ante la revelación y comprensión que comenzarás a adquirir.

## ENTRO A LOS TRIBUNALES

Señor, al venir delante de Ti, por fe entro a la dimensión celestial llamada los Tribunales del Cielo. Entro a través de la sangre del Señor Jesucristo que fue derramada por mí. Según Hebreos 10:19, entro al lugar santísimo a través de y por esta sangre. Te doy gracias que a causa de la sangre del Cordero, soy digno de pararme en este lugar y presentar mis casos delante de Ti.

## ME SOMETO

Al pararme delante de Tus Tribunales, Señor, me rindo y me someto a quien Tú eres. Según Santiago 4:7, debo someterme a Ti como Dios. El resultado será que el enemigo huirá cuando yo resisto. Así que, vengo y humildemente someto mi ser y todo lo que soy a Ti. Pido según Romanos 12:1-21, ser un sacrificio aceptable para Ti, santo y sometido. Pido poder manifestar lo que es la buena, aceptable y perfecta voluntad de Dios en y a través de mi vida. Examíname, oh Dios, según Tu divina inspección, y permíteme ser santo y agradable ante Ti. Deja que todo lo que en mí esté en contra de Ti sea quitado y extraído de mi vida.

## PRESENTO MI CASO

Señor, ahora Te traigo mi solicitud y petición delante de este Tribunal. Según Daniel 7:10, hago mi petición de los libros y/o rollos que están en el cielo. De estos, presento mi destino y propósito profético que fue escrito acerca de mí antes del comienzo del tiempo. También pido que cualquier cosa que esté resistiendo mi destino y propósito ordenados por Ti sea juzgado como ilegal e injusto. Recuerdo a los Tribunales que el propósito de Dios depende de que yo adquiera el destino previsto para mí. Por lo tanto, pido que todo lo que está escrito en mi libro se cumpla ahora.

En esta fase, debes tener en cuenta cualquier entendimiento profético que tengas concerniente a tu razón de estar en la tierra.

## RESPONDO AL ADVERSARIO

Cada caso contra mí de mi propia vida y/o línea de sangre, ahora pido que la sangre de Jesús hable por mí según Hebreos 12:24. Que todo pecado, transgresión, engaño e iniquidad sean limpiados de mí. Pido que cualquier cosa que el diablo esté usando para legalmente negarme todo lo que se ha ordenado para mí sea ahora juzgado ilegal e injusto. Pido que Jesús hable por mí según 1 Juan 2:1-2 como mi intercesor y propiciación. Que se registre que mi fe y confianza están en Jesús y Su sangre. Por lo tanto, pido que toda boca que esté hablando contra mí sea parada en el nombre de Jesús. Señor, me arrepiento por cualquier y todo pacto hecho con los poderes demoniacos por medio de sacrificios, ofrendas, votos, anuncios y acuerdos con la hechicería. Pido que todo altar en el mundo espiritual sea derribado, la voz de ofrendas silenciada, y los portales y las puertas al infierno cerrados. Que pierdan ahora su derecho de funcionar en contra de mí. También devuelvo cualquier cosa que estos poderes digan que he adquirido a través de ellos. No quiero nada de ellos. Solo quiero lo que viene de Jesús y lo que está escrito en mi libro en el cielo.

Al orar esto, sé sensible a cualquier idea, impresión o revelación que puedas recibir. Arrepiéntete lo más específicamente que puedas.

## HAZ TU PETICIÓN

Señor, ahora me paro delante de Ti justificado a través de la sangre y la obra de expiación de Jesús por mí. Pido que todo lo que esté escrito en mi libro ahora se haga realidad.

Haz tu petición. Sé lo más específico posible.

## RECIBE

Señor, al seguir aquí parado delante de Tus Tribunales, recibo lo que ahora se está liberando por medio de los veredictos, decisiones y sentencias de los Tribunales del Cielo. Te doy gracias por Tu bondad y poder para liberar. Te doy gracias que todo poder del diablo es revocado. Su derecho legal para acosar, resistir e impedir ahora se anulan y descartan. Gracias que estoy entrando al destino que Dios ha escrito en mi libro y el libro de mi familia. Aquello que se ha demorado ahora ha sido librado para ser mío. Lo recibo totalmente ahora, en el Nombre de Jesús.

## DEJA LOS TRIBUNALES

> Muchas gracias, Señor, por permitirme pararme en este lugar santo. Gracias por permitirme pisar Tus Tribunales y presentar mi petición ante Ti. Al dejar los Tribunales por ahora, nuevamente te quiero dar gracias por la sangre de Jesús que me permite este privilegio. Que se registre en estos Tribunales que este es mi corazón y pasión hacia Ti. Gracias por permitirme ser Tu hijo y siervo del Dios Altísimo.

En todas las funciones prácticas en los Tribunales del Cielo, siempre sé sensible y consciente de lo que se siente, escucha y ve. Esto puede y debe ser una aventura de la cual se puede aprender. Estas oraciones solo son directrices para ayudarte a empezar. Entre más funciones en los Tribunales, menos necesitarás depender de ellas. El Espíritu Santo mismo será tu maestro y ayuda legal para ayudarte en el proceso.

Capítulo 21

# REPRESENTA A NACIONES DELANTE DEL SEÑOR

CASI desde que comencé a enseñar acerca de los Tribunales del Cielo, me di cuenta del efecto potencial sobre naciones y culturas. No sabía exactamente cómo esto funcionaba, pero estaba consciente de que había un secreto aquí para abrir a las naciones para el evangelio. Yo tenía un sentido intuitivo de que las naciones podrían ser liberados de los intentos demoniacos y traídos a su destino del reino como *naciones oveja* (ver Mateo 25:32). A medida que el tiempo progresaba y la revelación maduraba, comencé a ver más claramente lo que ya sabía intuitivamente. Me di cuenta de que cada uno de nosotros individualmente podemos presentar casos en los Tribunales a favor nuestro y de nuestras familias. Sin embargo, si íbamos a ver a las culturas cambiar y transformarse, esto requería *una casa de oración*. Descubrí que una *casa de oración* es esencial para presentar casos a favor de una cultura. Esto significa que ciudades, estados, provincias, regiones, naciones y continentes no pueden ser librados del gobierno demoniaco sin que una casa de oración los represente delante del Señor.

Isaías 56:7 es una pieza crítica de evidencia para respaldar esto. En esta escritura, vemos a Dios haciendo promesas poderosas a este grupo que sería conocido como una casa de oración.

*Yo los traeré a Mi santo monte,*

*Y los alegraré en Mi casa de oración.*

*Sus holocaustos y sus sacrificios serán aceptados sobre Mi altar;*

*Porque Mi casa será llamada casa de oración para todos los pueblos.*

El Señor promete traer a aquellos que están unidos a la casa de oración al santo monte.

El Señor promete traer a aquellos que están unidos a la casa de oración al santo monte. Como hemos discutido previamente, este es un lugar gubernamental en el mundo espiritual. Esto significa que nuestra actividad en este lugar produce cambios en las culturas y no solamente en las familias de las personas o las familias. Sin embargo, se nos dice que es una *casa de oración* que tiene el derecho de pararse en este lugar y funcionar. Eso significa que son personas que están conectadas en el mundo espiritual como una *casa o familia*. Ya no estamos funcionando como un individuo, sino como un *hombre corporativo*. Toma nota también de que es una casa de oración que representa a naciones delante del Señor. Esta casa de oración es para todas las naciones. En otras palabras, cada nación debe tener en ella una casa de oración que se parará y la representará en los Tribunales del Cielo. Solo ella tiene el derecho de peticionar a los Tribunales por victoria a niveles nacionales y culturales.

En el caso de Sodoma y Gomorra, sabemos que fue destruido. De lo que posiblemente no nos demos cuenta es que su destrucción no fue a causa de su pecado. Su destrucción fue por la ausencia de una casa de oración. Dios estuvo de acuerdo con Abraham de dejarlo a salvo si había diez justos. Esto hubiera constituido una casa de oración para representar a esta cultura. Dios dijo que tendrían el poder para liberar a la ciudad del juicio y su destino. Cualquier nación o cultura representada por una casa de oración legítima puede ser salvada y convertirse en una nación oveja y cumplir su propósito y destino del reino. Sin embargo, sin una casa de oración que represente la cultura, su destino se perderá. Otra cosa acerca de una casa de oración para una cultura es que tiene que estar dentro de la cultura. Siempre me pareció raro que Abraham tuviera tanto poder con Dios que el Señor aceptaría su petición en cuanto al criterio para la redención de este lugar perverso. Me preguntaba por qué Abraham mismo no le hizo esta petición al Señor. El Señor entonces me mostró que era porque Abraham no era de Sodoma y Gomorra. El principio es este: *solo una casa de oración dentro de una cultura puede representar a esa cultura delante del Señor*. Es esto por qué todas las culturas forzosamente deben tener casas de oración o un pueblo conectado por relaciones de pacto para pararse y representar estas delante de los Tribunales del Cielo. La ausencia de este grupo causará que destrucción indebida venga a estas naciones. Debemos orar y trabajar para que se levanten casas de oración y tomen su lugar en las naciones.

Es por esto que inicié el Global Prayer and Empowerment Center (www.gpec.world). Esta es una casa de oración global con representación en naciones y culturas. Actualmente tenemos directores continentales en Norteamérica, Asia, el Pacífico del Sur, Europa y África. Estos están trabajando para que casas de oración se levanten de nación a nación y ciudad a ciudad. Cuando estas casas de oración quedan establecidas, pueden representar a sus culturas delante del Señor y ver que los Tribunales del Cielo rindan decisiones de misericordia. Además, nos podemos reunir incluso a nivel global y tener jurisdicción en cosas que están afectando a todo el mundo. Esta es la razón que somos Global Prayer and Empowerment Center (GPEC) (Centro Global de Oración e Empoderamiento).

Seguimos persiguiendo los mandatos del Señor concernientes a los Tribunales del Cielo y los estamos representando a través de una casa de oración. Esto requiere que las personas se unan en relaciones de pacto los unos con los otros. El problema en tiempos pasados no es que no hayamos tenido personas que oraban. El problema es que no hemos tenido casas de oración unidas en conexiones de pacto. Solo cuando esto esté establecido será que el diablo ya no tenga el derecho legal de resistirnos. No podrá reclamar que no somos una casa. Si él puede armar este caso en nuestra contra, entonces no podremos presentar casos para las naciones en los Tribunales. Sin embargo, si somos una casa legítima con conexiones reales en el ámbito espiritual, podremos pararnos y presentar casos. ¡El resultado será que a Dios se le otorgará el derecho legal de rendir decisiones y sentencias de misericordia para las naciones!

Si deseas más información en cuanto a cómo llegar a ser parte de GPEC, puedes ir a www.gpec.world. Dios está formando una casa global de oración para representar a culturas y naciones delante de Sus Tribunales. Hemos sido levantados para un tiempo como este. Ven y sé parte de esta casa que tiene jurisdicción en los cielos.

# PREGUNTAS Y RESPUESTAS

## ¿Las maldiciones generacionales son una realidad del Nuevo Testamento y Nuevo Pacto? ¿Dónde puedo encontrar evidencia de esto?

El hecho es que las maldiciones son una realidad y les ponen a las personas limitaciones y confines que Dios no ha diseñado. Desde una perspectiva de los Tribunales del Cielo, hay dos escrituras muy importantes: Génesis 3:13 y Apocalipsis 22:1-3.

*Cristo nos redimió de la maldición de la ley, habiéndose hecho maldición por nosotros, porque escrito está: "Maldito todo el que cuelga de un madero"* (Gálatas 3:13).

*Después el ángel me mostró un río de agua de vida, resplandeciente como cristal, que salía del trono de Dios y del Cordero, en medio de la calle de la ciudad. Y a cada lado del río estaba el árbol de la vida, que produce doce clases de fruto, dando su fruto cada mes; y las hojas del árbol eran para sanidad de las naciones. Ya no habrá más maldición. El trono de Dios y del Cordero estará allí, y Sus siervos le servirán* (Apocalipsis 22:1-3).

Gálatas 3:13 dice que fuimos redimidos de la maldición porque Jesús se hizo maldición por nosotros. Sin embargo, Apocalipsis 22:1-3, que trata del reino milenario de Cristo, dice que entonces, y solo entonces, *ya no habrá más maldición*. Así que, la pregunta es, ¿cuándo terminó la maldición? ¿Terminó en Gálatas 3:13 o Apocalipsis 22:3? La verdad es que hay una explicación muy sencilla. Gálatas 3:13 es el *veredicto declarado de la cruz*. En otras palabras, es lo que la muerte de Jesús estableció legalmente. Sin embargo, un veredicto que no se ejecute para hacerlo cumplir no tiene verdadero poder. Apocalipsis 22:3 es *la ejecución completa del veredicto* para que se cumpla. Esto no ocurrirá hasta que el cielo nuevo y la tierra nueva estén establecidos y que el reino completo de Jesús sea conocido en la tierra. Hasta entonces, tenemos que tomar lo que Jesús hizo por nosotros en la cruz y exterminar toda maldición que busque operar en contra nuestra y de nuestras familias. Eso es lo que hacemos en los Tribunales del Cielo. Ejecutamos para que se cumplan las obras terminadas de la cruz.

## ¿Puede cualquier persona operar en los Tribunales del Cielo?

Cualquier y toda persona que pertenezca a Cristo puede operar en los Tribunales del Cielo. Isaías 54:17 nos dice que nosotros, como la justicia de Dios, tenemos autoridad en los Tribunales del Cielo.

"*Ningún arma forjada contra ti prosperará,*
*Y condenarás toda lengua que se alce contra ti en juicio.*
*Esta es la herencia de los siervos del Señor,*
*Y su justificación procede de Mí*", declara el Señor.

La palabra *juicio* es la palabra hebrea *mishpat*. Esta palabra significa un *veredicto o una sentencia*. Así que las palabras y lenguas contra nosotros pueden conceder derechos legales para dar forma a destinos que no están de acuerdo con la voluntad de Dios. Se nos dice, sin embargo, que pararnos en los lugares legales del espíritu o los Tribunales del Cielo es nuestra herencia como Sus siervos y nuestro derecho del Señor. ¡No le permitimos al diablo ni a nadie que con sus palabras te saquen del lugar que se te ha concedido!

## ¿Necesito ver o sentir algo para entrar a los Tribunales del Cielo?

Entrar a los Tribunales del Cielo es una actividad de fe. Esto significa que es maravilloso cuando sentimos cosas, vemos cosas, nos encontramos con cosas, etc. Sin embargo, estas no son necesarias para ser efectivos allí. Lo hacemos por fe. Esto significa que tomamos a Dios por Su palabra y comenzamos a vivir como si es una realidad en el mundo invisible. La verdad es que entre más funciones por fe en los Tribunales, más se activarán tus sentidos espirituales. Encontrarás que estás teniendo más encuentros con el paso del tiempo.

## ¿Cuál es la relación entre los Tribunales del Cielo y el campo de batalla? Cómo trabajan juntos los Tribunales del Cielo y la guerra espiritual?

Hemos cubierto esto en un capítulo previo. Creo que es peligroso meternos con los poderes de las tinieblas sin antes quitarles su derecho legal de operar. Según Apocalipsis 19:11, esto es cómo operaba Jesús Mismo.

*Vi el cielo abierto, y apareció un caballo blanco. El que lo montaba se llama Fiel y Verdadero. Con justicia juzga y hace la guerra.*

Jesús primero juzgó y luego hizo guerra. En otras palabras, Jesús trató con el derecho legal que el diablo tenía, y luego lo destruyó en el campo de batalla. Si hemos de tener éxito en la guerra espiritual, tenemos que asegurarnos de que se revoquen los reclamos legales de satanás. Cuando esto ocurra, fácilmente lo derrotaremos. Sin embargo, si es atacado antes de que se anulen sus derecho legales, personas sufrirán contraataque y traerá gran destrucción. Tenemos que guerrear sabiamente.

*Porque con dirección sabia harás la guerra.*
*Y en la abundancia de consejeros está la victoria (Proverbios 24:6).*

## ¿Son absolutamente necesarios los videntes para conseguir victoria en los Tribunales del Cielo?

No creo que Dios conecte alguna victoria que yo necesite con otro don. Esto siempre me inquietó. Si mi destino estaba atado a un don al cual yo no tenía acceso, entonces no me parecía justo. He llegado a creer que los videntes pueden ayudar, pero no son esenciales. Algunas de las victorias mayores que yo he recibido han venido por la revelación directa de Dios por medio de sueños, impresiones y otros encuentros proféticos. Debemos liberarnos de cualquier sentido de inferioridad y llevar nuestras propias causas ante el Señor. Él revelará lo que sea necesario cuando lo busquemos genuinamente.

# Acerca de Robert Henderson

ROBERT Henderson es un líder apostólico global que opera en revelación e impartición. Su enseñanza faculta al cuerpo de Cristo para ver las verdades escondidas de las Escrituras con claridad y aplicarlas para obtener resultados trascendentales. Impulsado por un mandato de discipular a las naciones a través de sus escritos y pláticas, Robert viaja extensamente por todo el mundo, enseñando sobre lo apostólico, el Reino de Dios, las "Siete Montañas" y, sobre todo, los Tribunales del Cielo.

Ha estado casado con Mary por 43 años. Tienen seis hijos y cinco nietos. Juntos disfrutan de la vida en la bella ciudad de Waco, Texas.

# INCREASE THE EFFECTIVENESS OF YOUR PRAYERS.

## Learn how to release your destiny from Heaven's Courts!

**Unlocking Destinies from the Courts of Heaven**
Curriculum Box Set Includes:
9 Video Teaching Sessions (2 DVD Disks), Unlocking Destinies book,
Interactive Manual, Leader's Guide

There are books in Heaven that record your destiny and purpose. Their pages describe the very reason you were placed on the Earth.

And yet, there is a war against your destiny being fulfilled. Your archenemy, the devil, knows that as you occupy your divine assignment, by default, the powers of darkness are demolished. Heaven comes to Earth as God's people fulfill their Kingdom callings!

In the *Unlocking Destinies from the Courts of Heaven* book and curriculum, Robert Henderson takes you step by step through a prophetic prayer strategy. By watching the powerful video sessions and going through the Courts of Heaven process using the interactive manual, you will learn how to dissolve the delays and hindrances to your destiny being fulfilled.

# Experience a personal revival!

Spirit-empowered content from today's top Christian authors delivered directly to your inbox.

## Join today!
### lovetoreadclub.com

**Inspiring Articles**
**Powerful Video Teaching**
**Resources for Revival**

*Get all of this and so much more, e-mailed to you twice weekly!*

**LOVE TO READ CLUB**
by **DESTINY IMAGE**

www.ingramcontent.com/pod-product-compliance
Ingram Content Group UK Ltd.
Pitfield, Milton Keynes, MK11 3LW, UK
UKHW021302180426
11947UKWH00015B/967